독서·토론·논술책을 펴내면서

손에 잡히는
독서·토론·논술
이래서 중요합니다!!

책을 통해 풍부한 어휘력이 생깁니다.

독서·토론·논술은 생각하는 힘을 길러줍니다.

독서·토론·논술은 창의력을 계발해 줍니다.

책을 통해 다양한 간접 경험을 할 수 있습니다.

상대방의 감정을 이해하며
공감하는 능력을 길러줍니다.

나의 생각을
분명하게 표현하며
자신감을 길러줍니다.

친구들의 생각과 비교하며
비판하는 능력을 길러줍니다.

자신의 생각을
논리적으로 표현하는
능력을 길러줍니다.

교과서와 관계된
내용으로 구성되어
공부하는 힘을 길러줍니다.

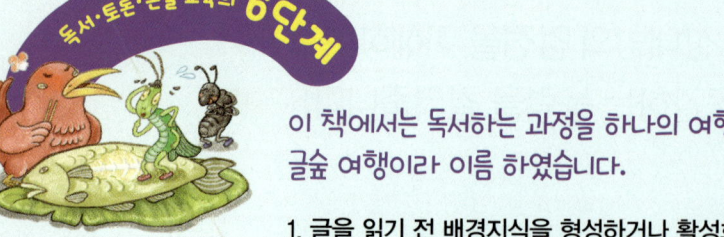

독서·토론·논술 교육의 6단계

이 책에서는 독서하는 과정을 하나의 여행과정으로 비유하여 글숲 여행이라 이름 하였습니다.

1. 글을 읽기 전 배경지식을 형성하거나 활성화하는 글숲 엿보기
2. 상상력을 동원하여 글을 읽는 글숲 여행하기
3. 글숲 상황에 대한 인지를 확인하는 글숲 여행 되돌아보기
4. 감정이입을 통해 글숲 인물들이 처한 입장을 이해해보는 글숲 사람 되어보기
5. 글숲 상황에 대해 생각을 나누는 토론과정으로 글숲 밖 사람 되어보기
6. 가장 인상깊게 남은 생각이나 내용을 정리해보는 글숲 여행을 마치며

01 글숲 엿보기 — 글숲 여행을 준비하는 과정입니다.

글을 읽기 전에 사전에 겪은 경험이나 지식을 미리 알아보는 활동입니다.

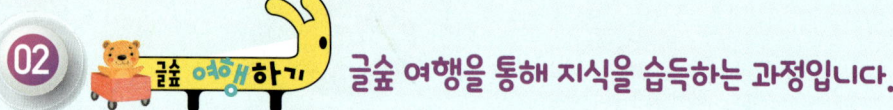

02 글숲 여행하기 — 글숲 여행을 통해 지식을 습득하는 과정입니다.

실제 책을 읽으면서 주인공의 생각이나 입장 등을 이해하는 활동입니다.

03 글숲 여행 되돌아보기 — 글숲 여행에서 보고 듣고 느낀 것을 떠올려 보는 과정입니다.

글을 읽으면서 알게 된 내용과 사실을 정리하는 활동입니다.

04  글 속에 나오는 등장인물의 입장이 되어 생각해 보는 과정입니다.

등장인물의 입장이 되어 그들의 생각과 감정을 그대로 느껴 보는 활동입니다.

05  글숲 밖으로 나와 생각을 나누는 토론 과정입니다.

글 속에 등장하는 인물들의 행동이나 사건 등에 대하여 각자의 생각을 토론하는 활동입니다.

06  글숲 여행 후 가장 인상깊게 남은 생각이나 느낌을 정리해보는 과정입니다.

토론을 통해 정리된 생각을 글이나 그림 등 다양한 방법으로 표현하는 활동입니다.

생각의 나래를 펼치자

- 밤하늘을 빛나게 하는 드론

- 바다를 헤엄치는 로봇물고기 소피

- 전기차와 수소차

이런 것들은 창의력이 준 선물입니다.

   창의력을 기르기 위해 여러분이 할 수 있는 것은 어떤 것이 있을까요?

창의력은 생각의 한 종류입니다. 창의력을 기른다는 것은

생각하는 힘을 기르는 것이지요.

그럼 생각하는 힘을 기르기 위해 여러분은 어떤 것을 하는 것이 좋을까요?

  부모님이나 선생님들께서 책을 많이 읽으라는 말은 많이 들었을 것입니다.

맞습니다.

생각을 키우는 것 중에 가장 으뜸이 바로 책을 읽는 것입니다.

책을 읽으며 나의 생각과 느낌을 정리하고 그 내용을 친구들과 이야기하는 활동이

바로 생각을 키우는 일이랍니다.

  이 책은 여러분이 독서와 토론과 논술 활동을 단계적으로 할 수 있도록 만들어졌습니다.

작품 하나하나 읽으며 작품 속 주인공이 되어보기도 하고

주인공을 비판하는 활동 등을 하면서 생각하는 힘을 기를 수 있습니다.

손에 잡히는 독서·토론·논술 4학년

	쪽	쪽	
1 숨은 쥐를 잡아라	8	100	10 풍속화의 대가 김홍도
2 비밀의 화원	20	114	11 톰 아저씨의 오두막
3 허클베리핀의 모험	32	129	12 점자로 세상을 열다
4 오성과 한음	48	141	13 테레사 수녀
5 길 아저씨 손 아저씨	57	154	14 바보 이반의 이야기
6 손 큰 할머니의 만두 만들기	67	168	15 어린 왕자
7 짜장 짬뽕 탕수육	82	191	16 만년샤쓰
8 걱정 마	93	204	17 사귀고 싶은 친구
		217	해답 및 풀이

숨은 쥐를 잡아라

 내가 알고 있는 동물의 이름을 최대한 많이 적어 보세요.

2 위의 동물 중에서 내가 좋아하는 동물과 싫어하는 동물은 어느 것인지 적어 보세요.

구 분	동물 이름
내가 좋아하는 동물	
내가 싫어하는 동물	

구연동화를
QR로 확인하세요.

글 속에 나오는 인물의 말이나 행동을 생각하며 '숨은 쥐를 잡아라'를 읽어 봅시다.

숨은 쥐를 잡아라

"비가 주룩주룩 내리는 캄캄한 밤이었어. 그날도 어김없이 열두 시가 되자 벽시계가 종을 쳤지요. 댕, 댕, 댕, 댕……."

나는 이불 속에서 동생에게 무서운 이야기를 해 주고 있었어요.

그런데 갑자기 어디선가, "으악!" 하는 소리가 들렸어요. 이건 진짜 비명 소리였어요. 이어서 우당탕탕. 와장창! 도대체 무슨 일이 일어난 걸까요?

살금살금 1층으로 내려가 본 우리는 깜짝 놀랐어요.

엄마는 야구 방망이를 들고 있고, 아빠는 거실 바닥에 쓰러져 있었으니까요.

"엄마, 무슨 일이에요?"

"이 일을 어쩌지? 쥐를 잡으려다가 네 아빠를 잡았나 보다."

바로 그 순간 아빠가 살짝 눈을 떴어요.

"사실은 소파 뒤에 숨어 있던 쥐와 눈이 마주친 순간 나도 모르게 기절했단다."

그때 할아버지께서 잠이 덜 깬 눈으로 방문을 열고 나오셨어요.

"집 안에 무슨 일이 있냐?"

"할아버지, 쥐가 나왔대요."

"에구머니나!"

할아버지는 깜짝 놀라며 얼른 소파 위로 올라가셨어요.

"아이쿠, 나는 세상에서 쥐가 제일 싫다."

그러자 아빠도 누운 채로 말했어요.

"저도요, 아버님."

다음날 아침, 할아버지는 가족 회의를 열었어요.
"이제부터 쥐와의 전쟁을 시작한다! 내가 사령관을 맡으마. 나머지 식구들은 모두 행동대원이다."

사령관 : 군대나 함대 따위를 지휘·통솔하는 권한을 가진 사령부의 최고 지휘관

할아버지의 비장한 말씀에 나는 왠지 가슴이 두근거렸어요.

작전 이름은 '독 안에 든 빵 작전'이에요. 왜냐하면 쥐라는 이름을 직접 부르면 쥐들이 알아듣고 모두 도망간대요. 하지만 빵이라고 부르면 쥐들이 맛있는 빵이 있는 줄 알고 모여든다나요.

어느 전쟁에서나 아군끼리만 통하고 적군을 따돌릴 수 있는 암호가 필요하대요. 그래서 우리도 암호를 정했어요.

적군: 적의 군대나 군사, 운동 경기나 시합 따위에서 상대편을 이르는 말
아군: 우리 편 군대, 운동 경기 따위에서 우리 편을 비유적으로 이르는 말

쥐가 나타났을 경우 '우왕 찍!'

쥐가 지나간 자리를 발견하면 '찍!'

쥐를 추격하다 놓치면 '찍쌌다!'예요.

"애, 달궁아. 너 그거 있지. 그것 좀 빌려다오."

할아버지가 말했어요.

"예? 뭐요?"

"너 보물 지도 말이야."

"그…… 그건…… 왜요?"

나는 깜짝 놀라 물었어요. 왜냐구요? 집안에 숨겨 둔 내 보물 위치가 다 탄로 나면 안 되잖아요.

우리는 쥐구멍 수색 작전을 시작했어요.

수색: 구석구석 뒤져찾음

엄마와 동생은 1층, 고모는 지하실, 그리고 아빠는 마당을 살피시겠대요. 마당에 쥐가 파 놓은 쥐구멍이 있을 거라나요. 나는 어디냐고요? 나는 할아버지와 함께 이층을 맡았어요. 이층 천장에서는 가끔 이상한 소리가 나거든요.

1층은 엄마와 동생이 맡았어요. 동생은 벽에 쥐구멍이 있을 거라면서 돋보기로 꼼꼼히 살피며 말했어요.

"엄마, 대체 이 벽 안에는 뭐가 있어요?"

"옛날부터 쥐란 녀석들은 마루 밑을 좋아했지. 내가 오늘은 쥐 소굴을 꼭 찾고야 말겠다."

소굴: 범죄자나 악한 사람들의 무리가 모이는 본거지

1. 숨은 쥐를 잡아라 11

엄마는 두 주먹을 불끈 쥐었어요. 그리고는 마룻바닥에 바짝 귀를 대고 쥐 소리가 나지 않나 귀를 기울였어요.

그때 갑자기 아빠가 후다닥 뛰어들어왔어요.

"여보, 어떡하지? 쥐를 만졌어. 쥐를 만졌다고."

엄마는 홈통 근처에 떨어진 털솔을 집어 들며 말했어요.

"봐요. 혹시 이 털솔을 잘못 알고…….”

"아니, 그건 절대 아냐…… 아니어야 하는데…….”

그럼 그렇지, 아빠가 만진 건 홈통을 청소하는 털솔이었어요.

홈통 : 물이 흐르거나 타고 내리도록 만든 물건

우리는 쥐구멍을 막고 쥐덫을 놓았지만 쥐는 한 마리도 잡히지 않았어요. 그러자 작전 사령관이신 할아버지가 말씀하셨지요.

"적을 알고 나를 알면 백전백승이라! 쥐에 대해 모르면서 어떻게 쥐를 잡겠느냐?"

백전백승 : 싸울 때마다 다 이김

그러시면서 할아버지는 고모 방으로 가셨어요. 고모 방에는 별의별 게 다 있거든요. 거기에는 역시 쥐에 관한 책도 있었어요. 할아버지가 그러시는데 쥐는 아주 영리한 동물이래요. 독약이 든 먹이는 금방 알아채고, 이 집에 먹을 것이 없겠다 싶으면 금방 다른 집을 찾아 이사를 가고……. 무엇보다 위험을 알아채는 데는 도사래요.

휴, 쥐가 그렇게 영리한 동물이라니. 그런데 쥐는 언제부터 사람들 집에 빌붙어 살아온 걸까요?

쥐들이 머리를 쓴다면 우리 인간도 머리를 써야지. 그래서 우리는 맛있는 냄새를 피우기로 했어요. 냄새로 쥐들을 홀리는 거지요. 엄마는 튀김 요리도 하고 오징어도 구웠어요. 할아버지는 냄새나는 양말이 최고라면서 신던 양말을 여기저기 늘어 놓으셨어요. 물론 냄새가 달아나지 못하도록 창문을 꼭꼭 닫았지요.

그런데 음식 냄새에 홀린 건 쥐들이 아니라 우리들이었나 봐요. 낮에 음식을 너무 많이 먹은 탓인지 한밤중이 되자 배가 사르르 아파왔어요. 나는

조금 으스스했지만 혼자서 화장실로 갔지요. 그런데 변기에 앉아 힘을 쓰다 보니 왠지 오슬오슬 춥기도 하고 별별 생각이 다 들었어요.

"내가 눈 똥은 어디로 갈까? 변기의 물과 먹는 물이 섞이는 건 아닐까?"

"달궁아, 아직 멀었니? 우리도 변기가 그립단다."

하루는 지하실에서 고모가 우당탕탕 올라왔어요.

"달궁아, 왕 찍! 왕 찍이야!"

드디어 쥐가 나온 거예요. 우리 식구들은 모두 고모를 따라 우르르 지하로 내려갔어요. 맨 뒤에서 아버지가 소리쳤어요.

"꽉 붙잡아! 놓치면 안 돼!"

그런데 쥐가 다시 1층으로 쏜살같이 달아났어요. 우리는 다시 우르르 계단을 따라 올라갔어요. 그런데 계단 오르기가 할아버지한테는 좀 무리였나 봐요.

"아이고, 힘들다. 이럴 때 엘리베이터가 있다면 얼마나 좋을까?"

1층으로 올라오자 고모가 우리에게 외쳤어요.

"얼른 방 문 닫아!"

문을 닫으면 쥐는 꼼짝없이 마루에 갇히겠지. 이번에야말로 독 안에 든 쥐다! 그런데 1층에는 문이 꽤 많았어요. 보통 때는 몰랐는데 집에는 왜 이렇게 문이 많을까요?

문이란 문은 모두 닫고 손에 몽둥이를 하나씩 들었어요.

'랄랄라, 쥐를 잡으면 어떻게 혼내 줄까!'

설레는 가슴을 안고 막 쥐를 잡으려는데 그만 큰일이 일어났어요. 갑자기 전기가 나간 거예요.

"우와? 누구야? 누가 내 머리를 때린 거야?"

우리는 쥐를 잡기 전에 전기부터 고쳐야 했어요.

다음날 아침에야 우리는 전기가 나간 까닭을 알았어요. 전기 기술자 아저씨가 오셨거든요. 아저씨 말씀이 쥐들이 전깃줄을 엉망으로 만들어 버렸대요. 쥐들은 도대체 보이지도 않는 전깃줄을 어떻게 찾아내서 말썽을 피우는 걸까요?

우리는 안방에 모여 다시 작전 회의를 가졌습니다.

"여러분, 이번 정전 사고는 씻을 수 없는 우리의 참패로 우리는 저들의 만행에 맞서 더욱 정신을 바짝 차려야 합니다."

참패 : 싸움이나 경기 따위에서 참혹할 만큼 크게 패배하거나 실패함. 또는 그런 패배나 실패
정전 : 오던 전기가 끊어짐

우리는 모두 두 눈을 부릅뜨고 할아버지 말씀에 귀를 기울였습니다. 그런데 시간이 갈수록 엉덩이가 따끈따끈해지면서 졸음이 솔솔 몰려오는 거예요.

뚝! 아빠의 연필 부러지는 소리.

쿵! 엄마의 머리 부딪는 소리. 그리고 할아버지까지.

신경통 : 말초 신경이 자극을 받아 일어나는 통증

"어이구, 시원하다. 신경통엔 역시 뜨거운 온돌이 최고야."

결국 그날 회의는 잠으로 막을 내렸지요. 그런데 고모는 어디로 간 걸까요?

"꺅!"

지하실에서 고모의 비명이 들려왔어요.

"달궁아! 글쎄…… 쥐란 녀석들이…… 내 원고를 망쳐 놨어. 게다가 책상 위에는 쥐똥까지!"

"좋다. 비장의 무기, 먹이 사슬 작전이다!"

먹이 사슬 : 생태계에서 먹이를 중심으로 이어진 생물 간의 관계

고모가 두 주먹을 불끈 쥐고 말했어요.

"고모, 먹이 사슬이 뭔데?"

하지만 고모는 대답도 없이 어디론가 나가 버렸어요.

이제 안심이에요. 쥐를 잡을 수 있는 고양이가 생겼으니까요. 고모가 데려온 귀여운 고양이는 밤마다 야옹야옹 울어댔어요. 하지만 우리 가족은 그쯤 충분히 참아낼 수 있었지요.

'쥐를 잡느라고 그러는 거겠지.'

다음날 아침, 정말로 쥐가 잡혔어요. 고양이가 아니라 쥐덫에 걸린거지만…….

우리는 머리를 맞대고 고민했어요.

"이 녀석을 어떻게 죽이지?"

우리는 쥐덫째로 물 속에 담가 쥐를 익사시켰지요. 그리고 쥐를 마당에 묻고 모두 함께 죽은 쥐를 위해 묵념을 올렸습니다.

익사 : 물에 빠져 죽음

"자, 이로써 작전 완료다! 모든 가족은 이제 자기 본연의 임무에 충실하도록!"

할아버지는 마치 군대를 떠나는 노장군 같은 모습이었어요.

"하지만 할아버지, 아직 쥐가 더 있을지도 모르잖아요?"

"걱정마라. 원래 고양이가 있는 집에는 쥐들이 얼씬도 못하게 돼 있거든. 제군들, 그동안 수고 많았다!"

이렇게 해서 우리는 길고도 험난했던 '숨은 쥐 잡기' 작전을 끝냈습니다. 그런데 이런 평화도 잠시뿐!

"으악-."

또다시 아빠의 비명 소리가 들려온 거예요.

"여보, 왜 그래요?"

"당신 발 밑에 바퀴…… 바퀴벌레가……."

그러자 할아버지가 재빨리 외쳤습니다.

"작전 시작, 이번에는 바퀴벌레 소탕 작전이닷!"

하하, 또다시 가슴이 두근거립니다.

1 쥐구멍 수색 작전을 위해 누가 어느 곳을 맡았나요?

2 냄새로 쥐들을 홀리기 위해서 어떤 일을 하였나요?

3 달궁이 가족의 쥐를 잡기 위한 작전 이름과 그렇게 정한 이유는 무엇인가요?

(1) 작전 이름 :

(2) 정한 이유 :

4 쥐를 잡기 위한 식구들만의 암호를 적어 보세요.

(1) 쥐가 나타났을 경우 :

(2) 쥐가 지나간 자리를 발견한 경우 :

(3) 쥐를 추격하다 놓치면 :

1 '쥐가 세상에서 가장 싫은 이유'

"나는 세상에서 쥐가 제일 싫단다. 우리 집 전깃줄도 끊어놓고 병균도 옮기잖아. 게다가 쥐 때문에 잠도 못 잔단 말이야."

🔍 글 속의 주인공이 되어 쥐에게 하고 싶은 말을 써 보세요.

....

....

....

2 '고모의 원고를 망친 쥐'

"세상에……. 쥐라는 놈들이 그동안 애쓰고 작업한 내 원고를 망쳐 놓고 책상 위에는 더러운 쥐똥까지 쌌어. 어떻게 하면 쥐를 잡을 수 있을까?"

🔍 고모의 입장에서 고양이에게 쥐를 잡아 달라는 부탁의 말을 적어 보세요.

....

....

....

1 집안의 쥐를 잡기 위해서 온 가족이 소동을 피우는군요. 만일 우리 집에 쥐가 들어와 있다면 어떻게 처리할 것인지 아이디어를 짜내어 써 보세요.

2 동물들 중에는 사람들의 사랑을 듬뿍 받는 강아지나 햄스터 같은 동물들도 있고, 뱀이나 쥐처럼 미움을 받는 동물들도 있어요. 여러분은 쥐를 잡는 것을 어떻게 생각하는지 그 이유와 함께 써 보고 친구들과 토론해 보세요.

(1) 쥐를 잡는 것에 대한 나의 생각

(2) 그렇게 생각한 이유

글숲 여행을 마치며

쥐는 사는 곳이 주로 사람들 주변이고 먹는 것도 사람들과 비슷해서 사람들과 관계를 가질 수밖에 없습니다. 그런데 사람들은 자신만 보면 죽이려 들어서 항상 불안합니다. 쥐가 되어서 사람들에게 하고싶은 이야기를 써 보세요.

2 비밀의 화원

1. 식물을 가꾸어 본 경험이 있나요? 내가 가꾸는 식물이 자라는 모습을 보고 어떤 마음이 들었는지 이야기해 봅시다.

2. 자신에게 가장 소중한 것은 무엇인가요? 아무에게도 들키고 싶지 않은 나만의 비밀스런 보물에 대해 자랑해 봅시다.

3. 나랑 내 친구만 알고 있는 비밀을 가져 본 적이 있나요? 왜 비밀을 갖게 되었는지, 그 비밀은 무엇이었는지 살짝 이야기해 볼까요?

구연동화를 QR로 확인하세요.

비밀의 화원을 가꾸며 건강하게 자라나는 아이들의 모습을 상상해 보며 '비밀의 화원'을 읽어 봅시다.

비밀의 화원

　미슬스웨이트 장원(마을과도 같은 귀족 소유의 넓은 땅)에 열 살짜리 소녀 메리가 도착했습니다. 메리는 원래 인도에서 태어나 자랐는데, 부모님이 전염병으로 죽는 바람에 고모부가 사는 이곳으로 오게 되었습니다.

　메리의 고모부인 크레이븐은 메리가 장원에 도착하자마자 또다시 멀리 여행을 떠났습니다. 메리는 방이 백 개도 넘는 대저택에서 혼자 지내야 했습니다.

장원: 유럽의 중세기에 귀족이나 교회가 사유하던 토지
대저택: 매우 크고 으리으리한 집

　메리는 키가 작고 비쩍 마른 데다 무표정한 얼굴에 아이다운 구석이라고는 하나도 없는 밉살스러운 인상이었습니다. 게다가 버릇없는 말과 행동은 하녀들을 당황하게 만들었습니다. 인도에서는 하녀들이 언제나 이런 메리의 눈치를 보며 비위를 맞추려고 애썼습니다. 하지만 이곳의 하녀인 마사는 메리와 마주보며 자유롭게 하고 싶은 이야기를 마음껏 했습니다. 친구가 없는 메리는 차츰 마사의 수다스러운 이야기에 빠져 들었습니다.

비위: 일이나 사물에 대하여 무엇을 하고 싶은 기분이나 생각

　"우리 어머니는요, 황무지가 아이들을 키운다고 말해요. 아가씨도 황무지에서 뛰어놀기 시작하면 금세 뺨은 발그레해지고 살이 통통하게 오를 거예요. 내 동생 딕콘은 하루 종일 황무지에서 뛰어노는데 야생 망아지하고도 친구가 됐어요."

황무지: 손을 대어 거두지 않고 내버려 두어 거친 땅
망아지: 말의 새끼

　그 말을 듣는 순간 메리도 무언가 키울 것이 있으면 좋겠다는 생각이 들었습니다. 그래서 동물과 친하다는 딕콘에게 조금 관심이 갔습니다. 메리는 별로 밖에 나가고 싶지 않았지만 방에 있어도 특별히 할 일이 없었기 때문에 밖에 나가 보기로 했습니다.

"저쪽으로 내려가면 정원이 몇 개 나와요. 그리고 정원 가운데 하나는 문이 잠겨 있어요. 요 십 년 동안 그곳에 들어간 사람은 아무도 없었대요."
"왜?"
메리는 오랫동안 문이 잠겨 있다는 정원에 대해 호기심이 생겼습니다.
"마님이 급작스럽게 돌아가신 뒤에 주인님이 정원의 문을 잠그고 열쇠를 땅속에 파묻어 버렸대요."
메리는 담쟁이로 덮인 담을 따라 걸으며 문이 잠긴 정원에 대해 생각했습니다. 그때 붉은가슴울새 한 마리가 담 너머에서 날아왔습니다.
'새가 날아온 것을 보면 담 너머에 정원이 있는 게 분명해.'
메리의 호기심은 더 커졌습니다. 메리는 날마다 밖에 나가 정원의 문을 찾아다녔습니다. 땅에 묻어 버렸다는 열쇠를 꼭 찾고 싶었습니다. 메리는 마사에게 정원에 대해 물었습니다.
"고모부는 그 정원의 문을 왜 잠갔어?"
메리의 질문에 마사는 매우 난처했습니다.
"절대 말하면 안 되는데……. 그 정원은 원래 마님의 정원이었어요. 아가씨의 고모 말이에요. 두 분이 결혼한 다음 정원을 만들고, 마님과 주인님은 거기서 매일 함께 지냈어요. 그런데 마님이 나무에서 떨어져 돌아가시고 말았어요. 그 후로 정원에 대한 이야기를 하지 못하게 했어요."
메리가 비밀의 정원을 찾아다니던 어느 날이었습니다. 붉은가슴울새가 포르르 날아와 메리 옆에 앉았습니다.

붉은가슴울새 : 딱샛과의 하나. 몸의 길이는 14cm 정도이고 부리는 뾰족하며, 다리는 길다

"너로구나? 네가 날아온 그 정원에는 무슨 일이 일어나니?"
메리는 친한 친구에게 말하듯 사근사근 말을 걸었습니다. 붉은가슴울새는 고개를 살짝살짝 흔들며 메리의 말을 알아듣는 듯한 몸짓을 했습니다. 메리는 새 앞에 털썩 앉았습니다. 그 순간 흙 속에서 무언가 반짝였습니다.
"어? 이게 뭐지?"
메리는 손을 뻗어 반짝이는 것을 집었습니다. 오래된 열쇠였습니다.

"정원 열쇠가 틀림없어! 여기 어딘가 정원으로 가는 문이 있을 거야."

정원 : 집 안에 있는 뜰이나 꽃밭

메리는 열쇠를 주머니에 넣고 정원으로 가는 문을 찾았습니다. 담쟁이덩굴로 쌓인 담을 손으로 더듬으며 꼼꼼히 살폈습니다. 담쟁이 잎, 돌담, 담쟁이 잎. 그러다 손끝에 차가운 느낌이 들었습니다.

담쟁이덩굴 : 포도과의 낙엽 활엽 덩굴나무. 바위 밑이나 숲 속에 나는데 부착근으로 수목 등에 기어오름

"여기다!"

메리가 조그맣게 소리를 질렀습니다. 그것은 문의 손잡이였습니다. 메리의 얼굴에는 기쁨의 미소가 넘쳐흘렀습니다. 철커덕! 십 년 동안 한 번도 열린 적이 없었던 문이 천천히 열렸습니다. 조금씩 정원이 모습을 드러냈습니다.

정원은 너무 조용하고 신비스러운 분위기였습니다. 누런 풀 아래에 연두색 새싹이 솟아나고 있었습니다. 메리는 새싹 옆에 있는 누런 풀들을 뽑아 새싹이 햇볕을 잘 받고 자랄 수 있도록 해 주었습니다. 메리는 자기가 찾아낸 이 정원의 이름을 '비밀의 화원'이라고 지었습니다. 메리는 꽃밭을 만들어 보고 싶다고 마사에게 말했습니다. 며칠 후 딕콘이 메리를 찾아왔습니다. 메리는 딕콘이 믿을 만한 아이라는 생각이 들었습니다. 그래서 딕콘을 비밀의 화원으로 데려갔습니다.

딕콘과 메리는 비가 오는 날만 빼고 언제나 함께 정원을 가꾸었습니다. 정원이 어디 있는지 가르쳐 줬던 붉은가슴울새는 정원 안의 나무에 둥지를 지어 놓고 살았습니다. 메리는 붉은가슴울새가 친한 친구처럼 느껴졌습니다.

그러던 어느 날 한밤중에 메리는 창문을 두들기는 굵은 빗방울 소리에 잠이 깼습니다. 엎치락뒤치락하던 메리는 갑자기 일어나 문 쪽을 바라보며 귀를 기울이다가 초를 들고 조용히 방에서 나왔습니다. 어디선가 울음소리가 들렸던 것입니다.

메리는 소리가 나는 쪽으로 발걸음을 돌렸습니다. 통로를 따라 내려가다 보니, 거기에 문이 하나 있었습니다. 메리는 살짝 문을 열어 보았습니

다. 아주 잘 꾸며진 방 안의 침대 위에서 한 아이가 훌쩍이고 있었습니다. 아이가 먼저 물었습니다.

"넌 누구니? 유령이니?"

유령 : 죽은 사람의 혼령이 생전의 모습으로 나타난 형상

"난 메리야. 유령은 아니야. 얼마 전에 인도에서 왔어."

"난 콜린이야. 여기는 우리 아버지 집이야."

메리가 깜짝 놀라 물었습니다.

"고모부한테 아들이 있다니······. 왜 아무도 이야기해 주지 않았을까?"

"네가 날 보게 될까 봐 그런 거야. 난 아버지처럼 곱사등이 될 거야. 지금도 아파서 꼼짝할 수 없어. 나는 혼자서 걸어 다닐 수도 없어. 아버지도 이런 나를 미워해서 자주 보러 오지도 않아. 난 어른이 되기 전에 죽을 거야."

곱사등 : 등뼈가 굽고 혹 같은 뼈가 나온 등

메리는 콜린이 가여웠습니다.

"넌 죽지 않아. 그리고 절대 곱사등이 되지도 않을 거야. 내가 봤는데 네 등은 나만큼이나 꼿꼿해."

"콜린, 나와 함께 밖에 나갈래? 너에게 보여 주고 싶은 곳이 있어. 내가 발견한 비밀의 화원이야."라고 말하며 메리는 콜린에게 비밀의 화원에 대해 차근차근 설명해 주었습니다. 비밀의 화원에서 딕콘과 함께 지내면 콜린도 자신처럼 건강해질 것 같았기 때문입니다.

며칠 후, 메리는 딕콘을 불러 콜린의 휠체어를 밀게 했습니다. 세 사람은 매일 비밀의 화원에서 놀았습니다. 꽃씨를 심기도 하고 나무를 손질하기도 했습니다. 밖에 들리지 않도록 소곤소곤 이야기할 때면 너무 재미있어서 웃음을 참느라 애를 먹었습니다.

휠체어 : 다리가 자유롭지 않은 사람이 앉은 채로 이동할 수 있도록 바퀴를 단 의자

봄이 되고 꽃이 피기 시작하자 콜린은 자신도 살 수 있다는 생각을 했습니다. 비밀의 화원이 콜린에게 그런 생각을 갖게 해 준 것입니다.

어느 날, 벤 할아버지가 비밀의 화원 담장 위로 고개를 쑥 내밀고 소리쳤습니다. 아이들은 벤 할아버지를 얼른 정원으로 들어오게 했습니다. 할아

버지는 정원 안으로 들어오자마자 콜린을 보고 깜짝 놀랐습니다.

"이런, 도련님! 곱사등이 아니었어요? 다리는요? 도련님 다리는 굽지 않았어요?"

콜린은 사람들이 자신에 대해 오해를 하고 있다는 사실에 너무 화가 나서 온몸이 떨렸습니다. 콜린은 무릎 덮개를 밀쳐 떨어뜨렸습니다. 그리고 옆에 서 있던 딕콘을 붙잡고 힘들게 일어섰습니다.

오해 : 그릇되게 해석하거나 잘못 앎

희고 가는 콜린의 다리가 바르르 떨렸습니다. 하지만 콜린은 포기하지 않았습니다. 이를 꽉 물고 다리에 힘을 주고 똑바로 일어섰습니다.

2. 비밀의 화원 25

"잘 봐. 내 다리를 잘 보라고!"

콜린은 벤 할아버지에게 소리쳤습니다. 그 모습을 보던 벤 할아버지의 눈에서는 눈물이 뚝뚝 흘렀습니다.

"아이고, 사람들이 거짓말을 했네. 유령만큼 얼굴이 허여멀겋기는 해도 이렇게 멀쩡한 몸을 가졌는데……."

허여멀겋다 : 살빛이 탐스럽게 희고 맑다

그 후, 벤 할아버지도 비밀의 화원을 가꾸는 또 한 사람이 되었습니다. 사실 벤 할아버지는 다른 사람 몰래 이 정원을 가꿔 왔습니다. 돌아가신 마님이 혹시 자신이 없어도 정원을 잘 가꿔 달라는 부탁을 했기 때문입니다.

네 사람은 콜린의 어머니가 살아 있을 때처럼 아름다운 정원을 만들기 위해 정성껏 꽃과 나무들을 손질했습니다. 콜린도 정원을 가꾸는 것을 도우며 처음 걸음마를 배우는 사람처럼 조심스럽게 걷는 연습을 하기 시작했습니다. 콜린이 한 발짝씩 내딛을 때마다 메리와 딕콘은 탄성을 질렀습니다.

탄성 : 감탄하는 소리

"내가 걸을 수 있다는 것도 비밀이야. 이 정원처럼 말이야. 알았지? 아버지가 오시면 놀라게 해 드릴 거야. 어떻게 말해야 할지 아직 생각하지 못했지만 아주 깜짝 놀라게 해 드리고 싶어."

콜린의 말에 메리와 딕콘은 힘차게 고개를 끄덕였습니다.

그 무렵, 콜린의 아버지 크레이븐 씨는 긴 여행을 끝내고 집으로 돌아오고 있었습니다. 하지만 집에 돌아와서는 별다른 점을 발견하지 못했습니다. 하인들이 콜린의 건강이 좋아졌다고 말해주었지만 크레이븐 씨는 콜린을 만나러 가지 않았습니다. 자신처럼 곱사등인 아들을 만나는 것이 두려웠던 것입니다.

크레이븐 씨는 집을 둘러보다 비밀의 화원 근처로 걸어갔습니다. 크레이븐 씨가 숨겨두었던 열쇠를 찾기 위해 허리를 굽히려는 순간이었습니다. 갑자기 담 사이로 문이 홱 열리더니, 남자 아이 하나가 웃으며 뛰어나왔습니다. 크레이븐 씨는 남자 아이가 넘어질까 봐 두 팔을 벌려 아이를 안았습니다. 그리고 아이가 누구인지 보려고 한 발 물러섰을 때 기절할 것처럼

기절 : 한때 정신을 잃음

놀랐습니다. 그 건강한 아이는 다름 아닌 콜린이었습니다. 콜린은 힘껏 몸을 쭉 펴고 아버지에게 소리쳤습니다.

"아버지, 저예요. 콜린이에요. 제가 이렇게 건강해졌어요. 전 죽지 않아요. 영원히 살 거예요. 영원히!"

크레이븐 씨는 너무 감격스러워서 아무 말도 할 수 없었습니다.

"날 정원으로 안내해 다오."

아이들은 크레이븐 씨를 정원으로 안내했습니다. 정원은 아름다운 꽃들로 가득했습니다. 온 사방이 하얀 백합과 빨간 덩굴장미들로 가득했고 찬란한 햇빛은 나무의 빛깔을 더 반짝이게 해 주었습니다.

크레이븐 씨는 아들의 명랑한 목소리를 들으며 아내와의 추억이 깃든 비밀의 화원을 함께 걸었습니다. 밝은 햇살이 두 사람이 가는 길을 축복해 주기라도 하듯이 따사롭게 비추고 있었습니다.

추억 : 지나간 일을 돌이켜 생각함. 또는 그런 생각이나 일

1 이야기 속에는 비밀이 두 가지가 있습니다. 두 가지의 비밀은 무엇이며, 사람들은 왜 그것을 비밀로 만들었다고 생각하나요?

2 크레이븐씨는 아내의 정원 문을 잠그고 열쇠를 땅속에 파묻어 버렸습니다. 그 이유는 무엇인가요?

3 이야기 속에 나오는 메리와 콜린은 비밀의 화원을 가꾸면서 몸과 마음에 큰 변화가 생깁니다. 아이들이 어떻게 성장하고 변해 가는지 이야기해 보세요.

4 하녀 마사의 어머니는 '황무지가 아이들을 키운다.'라고 말했습니다. 황무지가 아이들을 키운다는 말의 속뜻은 무엇일까요?

1 '어두운 방에 갇혀 있는 콜린을 발견한 메리'

"난 아버지처럼 곱사등이 될 거야. 지금도 아파서 꼼짝할 수 없어. 나는 혼자서 걸어 다닐 수도 없어. 난 어른이 되기 전에 죽을 거야."

메리가 되어 절망에 빠진 콜린에게 용기를 줄 수 있는 말을 적어 보세요.

....
....
....

2 '두 발로 걷는 네가 정녕 내 아들이란 말이냐?'

크레이븐 씨가 열쇠를 찾기 위해 허리를 굽히려는 순간이었습니다. 갑자기 담 사이로 문이 홱 열리더니, 남자 아이 하나가 웃으며 뛰어나왔습니다. 크레이븐 씨는 순간 남자 아이가 넘어질까 봐 두 팔을 벌려 아이를 안았습니다. 그리고 아이가 누구인지 보려고 한 발 물러섰을 때 기절할 것처럼 놀랐습니다.

크레이븐 씨가 되어 아들 콜린에게 해 주고 싶은 말을 적어 보세요.

....
....
....

1 크레이븐 씨는 아내의 정원도 잠가 버리고 자신의 아들도 숨긴 채 살아왔습니다. 크레이븐 씨의 이러한 행동에 대해 어떻게 생각하나요?

2 콜린은 자신이 아버지처럼 곱사등이 될 거고 자신은 아파서 꼼짝할 수도 없으며 어른이 되기 전에 죽을 거라고 생각합니다. 콜린의 상황과 콜린의 행동에 대한 내 생각을 말해 봅시다.

머지않아 죽을 것처럼 병약했던 콜린이 비밀의 화원에서 행복한 시간을 갖게 되면서 건강을 되찾았지요? 나는 어떤 일을 할 때 이처럼 행복했는지 세 가지 이유를 들어 적어 봅시다.

허클베리핀의 모험

1 갑자기 큰돈이 생기면 제일 먼저 하고 싶은 일을 적어 보세요.

2 평소에 해 보지 않았던 일을 용기 내어 즐겁게 해 본 경험이 있으면 적어 보세요.

3 내가 지금 하고 싶은 것을 한가지만 써보고 갑자기 그것을 할 수 없어진다면 기분이 어떨지 적어 보세요.

구연동화를
QR로 확인하세요.

허클베리핀의 흥미진진한 모험이 어떻게 펼쳐질지를 상상하며
'허클베리핀의 모험'을 읽어 봅시다.

허클베리핀의 모험

　톰과 나는 동굴에서 찾은 돈을 반씩 나누어 가져 부자가 되었습니다. 대처 판사는 우리의 돈을 관리해 주었습니다. 나는 더글러스 아주머니네 집에서 살면서 학교에 다니게 되었습니다. 더글러스 아주머니의 동생인 워트슨 부인은 나에게 읽기와 쓰기를 가르쳐 주었는데, 나를 볼 때마다 엄하게 꾸짖었습니다. 자유분방한 성격인 나는 이런 규칙적인 생활을 견딜 수가 없었습니다.

판사: 대법원을 제외한 각급 법원의 법관
자유분방: 체면·관습·격식 같은 것에 얽매이지 아니하고 행동이 자유로움

　어느 날 밤, 괘종시계가 12시를 가리키자, 창 밑에서 고양이 울음소리가 들렸습니다. 촛불을 끄고 창문을 넘어가 톰과 만났습니다. 그날 밤, 톰과 나는 다른 몇몇의 아이들과 언제나 놀던 가죽 공장의 빈터에 모여 산적대를 조직하였습니다.

괘종시계: 시간마다 종이 울리는 시계

　다음날 아침, 나는 워트슨 부인에게 옷이 형편없이 더러워졌기 때문에 심한 꾸중을 들었습니다.
　나는 1년 전 마을을 떠난 아버지가 나를 찾아오지 않게 해 달라고 진심으로 기도했습니다. 평소 아버지는 매일 술에 취해 있었고, 내가 눈에 띄면 마구 때려 항상 아버지를 피해 뒷산 숲 속에 숨었습니다.

무서운 아버지

　내가 더글러스 아주머니 집에 있는 동안, 학교 공부가 점차 쉬워졌고, 워

트슨 부인의 엄격한 교육도 익숙해졌습니다.

그러던 어느 날 아침이었습니다. 나는 아침 식사를 하다가 소금 그릇을 엎질렀습니다. 어깨 너머로 소금을 뿌리면 나쁜 일을 미리 막을 수 있다는 미신 때문에 소금을 움켜쥐자, '내려놓으라'는 워트슨 부인의 날카로운 목소리가 들렸습니다. 나는 기분이 몹시 상해서 밖으로 나왔습니다. 그런데 돌층계에서 마당의 울타리를 따라 누군가의 발자국이 남겨져 있었습니다.

그날 밤, 나는 촛불을 밝히고 내 방으로 올라갔습니다. 창문이 활짝 열려 있고, 아버지가 침대 위에 앉아 있었습니다.

"학교에 다닌다던데 누가 공부해도 좋다고 했지?"

더글러스 아주머니라고 하자, 아버지는 화가 잔뜩 난 얼굴로 마구 퍼붓고는 호주머니를 뒤져 5달러를 가져갔습니다.

다음날, 아버지는 술에 잔뜩 취해 대처 판사의 집을 찾아갔습니다. 자신의 위협이 통하지 않자 법에 호소하겠다고 했습니다. 판사와 더글러스 아주머니는 나를 아버지의 손에서 빼앗아, 후견인이 되어 주고자 재판소에 그 절차를 밟으려 했습니다. 사건을 담당할 재판관은 이번에 새로 부임했습니다. 아버지에 대하여 아무것도 모르는 재판관은 다음과 같은 판결을 내렸습니다.

재판소 : 여러 가지 분쟁에 대하여 재판을 내리는 기관
후견인 : 역량이나 능력이 부족한 사람의 뒤를 돌보아 주는 사람
부임 : 임명이나 발령을 받아 근무할 곳으로 감
판결 : 시비나 선악을 판단하여 결정함

"아무리 문제가 많은 아버지라도 자기 자식과 떼어 놓는 건 좋지 않은 일입니다. 누구도 아버지에게서 자식을 빼앗을 권리는 없지요."

숲 속의 통나무집

그러던 어느 날, 아버지는 잠자는 나를 깨워 배에 태우고, 강을 타고 올라가 숲 속으로 끌고 갔습니다. 그곳에는 낡은 통나무집 한 채뿐 사람의 모습은 보이지 않았습니다.

통나무집에서 우리는 사냥을 하거나 고기를 낚아서 생계를 유지했습니다. 아버지는 가끔, 나를 방에 가두고 나간 뒤 술을 마시고 와서는 숨이 넘

어갈 정도로 때렸습니다. 날이 갈수록 난폭해졌습니다. 도망칠 생각으로 집을 뒤진 끝에 손잡이가 없는 녹슨 톱을 찾아냈습니다. 바람구멍을 키워서 빠져 나갈 구멍을 만든 후, 담요로 가리고 톱도 숨겨 두었습니다. 낚시에 고기가 걸렸는지 보러 강가로 뛰어가다가, 주인 없는 통나무배를 보고 덤불 속에 숨겨 두었습니다.

 또다시 아버지가 나를 가둔 후 배를 타고 멀리 갈 즈음, 나는 톱을 꺼내 지난번 만들었던 구멍을 더 크게 뚫고 밖으로 나왔습니다. 이제부터 탈출에 필요한 살림 등을 챙겼습니다. 집 부근에 난 발자국은 흙으로 덮고, 빠져 나온 구멍도 목재로 막아 흔적을 없앴습니다.

 예상과는 달리 아버지가 취하지 않고 일찍 돌아왔습니다. 빨리 나무배를 물에 띄우고 강을 타고 떠내려갔습니다. 잭슨 섬에 닿자 배를 숲 그늘에 숨겨 놓고 잠이 들었습니다. 눈을 떴을 땐 이미 날이 밝아 있었습니다.

 바로 그때, 내가 죽은 줄 알고 시체를 찾기 위한 대포 소리가 났습니다. 저 멀리, 나룻배의 맨 앞자리에 탄 아버지가 보였습니다. 그 나룻배는 내 근처를 지나쳤지만 아무도 나를 발견하지 못하고 하류 쪽으로 내려갔습니다. 나는 통나무배에 실었던 물건들을 날라 야영지를 만들고 텐트도 만들었습니다. 저녁에는 고기 한 마리를 낚은 다음 불을 피워 저녁을 지어 먹었습니다.

하류 : 강이나 내의 아래쪽 부분

짐과의 만남

 다음날, 나는 섬을 탐험하다 연기가 나는 모닥불을 발견하고 도망쳤습니다. 다음날 새벽, 모닥불 근처에서 자고 있는 사람을 발견하고 총을 겨누었습니다. 그런데 하품을 하며 일어난 사람은 워트슨 부인의 노예, 짐이었습니다. 유령인줄 알고 놀라는 짐에게 언제 이 섬에 왔느냐고 묻자, 내가 죽었다고 한 다음날 왔다고 말했습니다. 짐이 이 섬으로 도망친 까닭은 주인인 워트슨 부인이 자신을 판다는 말을 들었기 때문이라고 했습니다. 우린 함께 자유를 찾아 떠나기로 했습니다.

우리는 다시 섬을 탐험하다 높은 산봉우리에서 큰 동굴을 발견했습니다. 짐을 운반한 후, 비가 열흘 동안이나 와서 강물이 온 섬을 덮쳤습니다. 어느 날 밤, 강물에 떠내려 온 한 척의 여객선에서 쓰러져 죽어있는 사람을 발견했습니다. 우리는 여객선에서 필요한 것을 챙겨 우리의 보금자리로 돌아왔습니다.

보금자리 : 새가 알을 낳거나 깃들이는 곳. 지내기에 매우 포근하고 아늑한 곳을 비유적으로 이르는 말

비가 그치자 세상일이 궁금해졌습니다. 나는 시골 처녀로 변장을 하고 통나무배를 타고 동네로 갔습니다. 동네 아주머니로부터 나를 죽인 범인으로, 짐에게는 100달러, 아버지에게는 300달러의 현상금이 걸렸다는 이야기를 들었습니다. 서둘러 돌아와 이곳을 도망치기로 했습니다. 나는 짐을 흑인들이 자유롭게 살 수 있다는 카이로로 데려다 주기로 마음먹었습니다. 그러나 짐은 더글라스 아주머니와 워트슨 부인에게 미안한 생각이 들었습니다.

섬을 뒤로 하고, 뗏목에 필요한 짐을 싣고 떠난 지 5일째 되는 날 밤엔 세인트루이스에 도착했습니다. 사흘 밤만 더 흘러가면 일리노이의 끝인 우리의 목적지 카이로에 도착할 것이었습니다. 그곳에서 뗏목을 팔고 통나무배로 오하이오 강을 거슬러 올라 노예가 없는 땅에 들어만 가면 우리는, 특히 짐은 완전하게 자유의 몸이 될 것입니다.

수상한 사람들

낮에는 쉬고 밤에만 뗏목을 움직이던 어느 날 새벽, 숲에서 두 사람이 달려와 쫓기고 있으니 태워 달라고 했습니다.

70세쯤 된 노인은 약장수이지만 신분이 왕이고, 30세쯤 젊은 남자는 인쇄소 직공으로 신분은 공작인데, 지금은 쫓기는 몸이라고 하였습니다. 둘은 모두 허름한 가방을 메고 있었습니다.

공작 : 다섯 등급으로 나눈 귀족의 작위 가운데 첫째 작위. 후작의 위이다

그래서 짐과 나는 공작과 왕이 불쌍한 생각이 들어 잘해 주었습니다. 얼마 후, 그들이 사기꾼이라는 것을 알았습니다.

공작과 왕은 돈을 벌기 위해 동네에 가서 연극 공연을 하기로 하였습니다. 우리들이 도착한 동네는 조용했습니다. 왕은 숲 속에서 1천 명 이상의 사람들이 모인 큰 천막 단상에 올라가 쩌렁쩌렁 울리는 목소리로 말했습니다. 자신은 원래 해적이었는데 하느님의 죄 사하심을 받았다고 했습니다. 사람들이 감동하자, 모자를 벗어 들고 돌아다니며 기부금을 받았습니다.

단상 : 교단이나 강단 따위의 위

기부금 : 공적인 일이나 남을 도우려고 내놓은 돈

다음날 도착한 작은 동네에선 사람들이 모이지 않자, 비극 〈로열 난사치〉에는 심장 약한 부인이나 어린이는 입장 불가라는 광고지를 뿌렸습니다.

그날 밤, 왕은 온몸에 색칠을 하고 무늬만 그린 알몸뚱이로 무대에 나와 이리저리 뛰어다녔습니다. 마을 사람들은 연극이 끝나자 속은 것을 알고 분노했습니다. 그러나 동네 망신이라고 소문내지 않았습니다. 3일째 되는 날 밤, 공작은 많은 사람들을 불러 공연을 기다리게 하고는, 뗏목을 타고 그곳을 빠져 나왔습니다. 신기한 것은 자칭 왕과 공작이 3일 동안 벌어들인 돈이 465달러나 된다는 것이었습니다.

가짜 상속인

다음날, 우리들이 탄 뗏목이 마을에서 얼마쯤 올라갔을 때, 큰 가방을 들고 힘들게 가는 청년을 태워 주었습니다. 왕은 그 청년으로부터 '윌크스 씨네 피터의 장례식이 내일 정오이다. 그런데 동생들이 아직 도착하지 않아 기다리고 있다.'는 사실을 알아냈습니다.

장례식 : 죽은 사람을 땅에 묻거나 화장하는 장사를 지내는 의식

청년을 내려 주고 돌아온 왕은 공작과 함께 윌크스 집 동네로 갔습니다. 공작은 벙어리에 귀머거리 동생 윌리엄스의 흉내를 내며, 하비 역을 맡은 왕을 껴안고 마구 울음을 터뜨렸습니다. 피터 씨 집에 도착했을 때, 동생들이 돌아왔다는 소문이 온 동네에 퍼졌습니다. 세 처녀들이 현관에 나와 죽은 이가 모셔져 있는 방으로 우리를 안내했습니다. 유서에는 주택과 금화 6천 달러는 딸들에게, 농장과 그 밖의 가옥, 토지와 금화 6천 달러는 하비와 윌리엄스 두 동생에게 남기며, 금화는 지하실에 있다고 쓰여 있었습니다. 지하실에서 올라온 왕이 사람들 앞에서 금화를 헤아려 유언대로 나누고 있을 때, 죽은 피터의 친구 로빈슨 박사가 들어왔습니다. 왕이 악수를 청하고 인사를 하자

"내게 가까이 오지 마시오. 피터 윌크스 씨의 동생이라고요? 당신은 결코 하비 윌크스가 아니오. 사기꾼 같으니라고! 제인, 어서 저 자들을 내

쫓도록 해라."

제인은 그 말에 전혀 귀를 기울이지 않았습니다.

"저는 누가 뭐라고 해도 삼촌들을 믿습니다."

사라진 금화

깊은 밤, 나는 잠자리를 빠져 나와 돈 자루를 2층 방부터 찾아보려고 했는데, 누군가가 올라오는 기척이 났습니다. 나는 당황해 몸을 최대한 웅크리고 앉았습니다. 잠시 후 공작과 왕이 들어와 더 이상 욕심 부리지 말고 새벽 3시에 도망가자고 했습니다. 왕은 돈이 들어 있는 자루를 집어 들더니 매트리스를 들어 올리고 그 밑에 넣었습니다. 그들이 사라지자, 나는 돈
매트리스 : 침대용의 두툼한 요. 보통 직사각형의 납작한 모양으로, 그 속에 스프링이나 스펀지 따위를 넣어 푹신하게 만든다
자루를 꺼내 들고 아래층 시체가 있는 방으로 가, 관 뚜껑 틈으로 얼른 돈 자루를 넣었습니다. 다음날 장례식이 끝난 뒤, 왕은 영국에 있는 신도들이 걱정하니 조카딸들을 데리고 서둘러 출발하겠다며 가옥과 노예와 토지 전부를 경매에 부쳤습니다.
경매 : 물건을 사려는 사람이 여럿일 때 값을 가장 높이 부르는 사람에게 파는 일

나는 아래층으로 내려가, 짐을 꾸리며 울고 있는 제인에게 지금까지의 이야기를 간략하게 들려주었습니다. 그리고 돈 자루가 있는 장소를 적어 주었습니다. 왕과 공작은 마지막으로 묘지까지 경매에 내놓았는데 그때, 또 다른 윌크스 형제가 나타나 자기네들이 진짜 피터 윌크스의 상속인이
상속인 : 상속 개시 후에 재산이나 기타의 것을 물려받는 사람
라고 주장했습니다. 그러나 누가 진짜인지 가릴 수가 없었습니다. 그래서 죽은 피터 씨의 가슴에 새겨진 문신을 맞추는 쪽이 진짜 피터로 인정하기로 했습니다. 결국 그 답을 확인하기 위해 묘를 파고 관 뚜껑을 열자, 그곳에서 없어졌던 금화가 나왔습니다. 짐과 나는 사람들이 정신없어 하는 틈을 타서 잽싸게 그 장소를 빠져 나와 뗏목을 타고 강을 따라 내려갔습니다. 그런데 아주 가까운 곳에 왕과 공작이 탄 보트 한 척이 우리에게 다가오고 있었습니다.

사라진 짐

나는 어쩔 수 없이 다시 그 사기꾼들과 같이 여행을 하는 처지가 되었습니다. 사기꾼들은 돈 벌 궁리만 하다가 동네의 한 술집에서 크게 다투었습니다. 나는 그 틈을 타서 뗏목이 숨겨진 곳으로 갔습니다. 그런데 짐이 보이질 않았습니다. 짐을 찾으러 갔다가, 웬 낯선 노인이 검둥이를 헬프스 씨에게 팔았다는 말을 들었습니다. 다음날, 짐을 찾으러 헬프스 씨 집으로 갔습니다. 개가 나를 보더니 무섭게 짖었습니다. 그 소리에 부엌에서 흑인 여자와 백인 여자가 나왔습니다.

> 궁리 : 사물의 이치를 깊이 연구함. 마음속으로 이리저리 따져 깊이 생각함. 또는 그런 생각

"이제 왔구나. 얼마나 기다렸는데, 잘 왔다."

그때 헬프스 씨가 들어와 나를 보고 누구냐고 했습니다.

"당신이 기다리고 있는 톰 소여 아니에요?"

'톰 소여?' 톰 소여란 말에 나는 깜짝 놀랐습니다. 나는 톰 소여가 이곳으로 올지도 모른다고 생각하고는 짐을 찾기 위해 집을 나와 거리를 달렸습니다. 그런데 마주 오는 마차에 앉아 있는 톰을 만났습니다.

"허크, 너 정말 죽지 않았구나!"

나는 톰을 만난 것이 너무나 기뻐 도움을 청했습니다. 당분간 나는 톰 역을 하고, 톰은 동생인 시드 소여 역을 하기로 했습니다. 톰과 나는 헬프스 씨 집으로 돌아와 저녁 식사를 하고 있었습니다. 톰의 사촌 동생이 아버지에게 형들이랑 재미있는 연극 보러가도 되냐고 물었습니다. 도망쳐온 흑인이 완전 사기라고 했다면서 그 사기꾼들이 혼나고 있을 것이라 말했습니다. 나는 짐이 집 안에 있을 것이라 안심을 했습니다.

짐 구출 작전

"이봐, 허크! 짐이 있는 곳을 알았어."

나는 톰의 말을 듣고 무척 기뻤습니다. 톰은 무화과나무 옆 움막을 가리

> 움막 : 땅을 파고 위에 거적 따위를 얹고 흙을 덮어 추위나 비바람만 가릴 정도로 임시로 지은 집

키며, 그곳에 짐이 갇혀 있다고 말했습니다. 흑인 네트가 그곳으로 식사를 가지고 들어가는 것을 보고 알아냈다고 했습니다. 얼마 후, 톰은 내게 자기의 계획을 설명했습니다.

"이제 성공한 거나 마찬가지야. 우리는 짐을 빼낼 수 있어. 헛간 속에서 움막 밑으로 구멍을 뚫자."

날이 밝자, 우리는 흑인들이 지내는 뒤채로 갔습니다. 짐을 감시하는 네트가 음식을 들고 움막으로 가는 중에, 톰과 나도 따라 들어갔습니다. 짐이 우리를 알아보았습니다.

"아니, 허크! 이런, 톰까지!"

우리는 당황했고, 음식을 들고 간 흑인 네트도 놀랐습니다.

"방금 저 녀석이 도련님들을 부르지 않았어요?"

톰은 일부러 시치미를 뗐습니다.

시치미 : 알고도 모르는 체, 자기가 하고도 하지 않은 체하는 말이나 짓

"무슨 소리야? 누가 누구를 어쨌다고? 네가 뭐라고 했니?"

짐도 그제야 능청을 떨었습니다.

"아니, 난 아무 말도 안 했어요."

톰은 네트를 돌아보며 말했습니다.

"혼자서 무슨 소리를 들었다는 거야? 아무래도 네게 악마가 오려나 봐. 자, 돈을 줄 테니 실을 사서 머리에 묶도록 해."

톰은 네트에게 은화 한 닢을 던져 주고 그의 관심을 다른 쪽으로 돌렸습니다. 네트가 밖으로 나가자, 우리는 짐에게 탈출 계획을 얘기해 주었습니다. 이렇게 하여 톰과 나의 짐 구출 작전은 착착 진행되어 갔습니다.

마지막 모험

톰은 죄수들이 벽에다 글을 쓰거나 그림을 그려 자신의 가문을 남긴다고 장황하게 설명했습니다. 톰은 그날 밤, 피를 짜서 그린 해골과 뼈 두 개를

장황하다 : 매우 길고 번거롭다

X자처럼 걸쳐 그린 그림을 현관문에 붙였습니다. 그 다음날 밤에는 시체를

넣은 관을 그린 그림을 뒷문에 붙였습니다. 그것을 본 가족들은 불안해했으나 톰은 손뼉을 치며 즐거워했습니다.

다음날 아침, 우리는 감춰 두었던 통나무배를 타고 뗏목을 보러 갔습니다. 오늘 밤, 우리는 짐을 데리고 탈출하기로 하였습니다. 나는 지하실에 내려가 빵과 버터를 챙겨 가지고 움막으로 갔습니다. 몇 사람이 움막 안으로 들어오는 기척이 나, 우리는 재빨리 침대 밑의 구멍으로 빠져 나와 마구 달렸습니다. 사람들이 쫓아오는 소리와 함께 총 소리가 났습니다. 마침내 물방앗간 옆의 풀숲에 숨겨 두었던 통나무배를 탔습니다. 그리고 강 한복판으로 노를 저어 우리가 목표했던 뗏목에 오를 수 있었습니다.

그러나 톰은 도망치다 다리에 총알을 맞아 피를 흘렸습니다. 나는 통나무배를 다시 타고 의사를 데리러 갔습니다. 나를 따라온 의사는 강기슭에 이르러 통나무배를 보자, 두 사람이 타기에는 위험하니 혼자만 가겠다고 했습니다.

"너는 집에 가 있어라. 네 동생을 치료해 데리고 갈 테니."

다음날, 톰은 문짝을 침대 삼아 누워서 집으로 돌아왔고, 짐은 밧줄에 묶여 왔습니다. 사람들이 짐을 처단하기 위해 모여들었을 때 의사가 나타났습니다.

"여러분! 저 흑인에게 심하게 하지 마시오. 어젯밤 내가 환자가 있는 곳에 갔을 때 환자는 중태였습니다. 저 흑인이 나타나 도와주었고, 도망가지 않고 여기까지 순순히 따라왔소."

중태 : 병이 심하여 위험한 상태

내가 톰이 있는 방으로 들어갔을 때 아주머니가 어떻게 된 일이냐고 물었습니다. 톰은 지금까지의 일을 털어놓았습니다.

그때 톰의 큰 이모 폴리 아주머니가 들어와, 나는 깜짝 놀라 침대 밑으로 숨었습니다.

"톰, 어디가 어떻게 아픈 거니?"

"언니, 걘 톰이 아니라 시드잖아요?"

샐리 아주머니의 말에 폴리 아주머니는 크게 웃었습니다.

"아, 허클베리핀이 톰인 것처럼 꾸몄구먼. 어서 나오너라."

그리고 워트슨 부인이 두 달 전 죽으면서 유언장에 짐을 해방시킨다고 썼으니, 짐도 노예가 아니라 자유인이라고 말했습니다. 폴리 아주머니의 등장으로 모든 사실이 밝혀져 짐의 밧줄을 풀어 주었습니다. 톰은 죄수를 시켜 미안하다면서 짐에게 80달러를 주었습니다.

유언장 : 유언 내용을 적은 문서

"내 상처가 다 나으면 우리 셋이서 함께 모험에 나서자."

"나는 갈 수 없을 거야. 난 아버지와 함께 살 테니까."

내 말을 들은 짐이 엄숙한 얼굴로 말했습니다.

"허크, 너의 아버지는 다시는 돌아오지 않아. 지난번 홍수 때 강에서 배가 떠내려 왔잖아. 선실에 죽어 있던 사람이……."

나는 가슴 가득 울음이 차오르는 것을 억지로 누르고, 얼른 무릎을 꿇고는 하느님께 아버지의 명복을 빌었습니다.

명복 : 죽은 뒤 저승에서 받는 복

1 허클베리핀은 왜 아버지에게서 도망을 가려고 하였나요?

2 짐은 왜 잭슨 섬으로 도망을 갔나요?

3 사람들은 진짜 피터 윌크스와 가짜 피터 윌크스를 가리기 위해 어떻게 하였나요?

4 톰과 허클베리핀이 시드 소여와 톰 소여라고 부인을 속인 이유는 무엇이었나요?

1. '무서운 아버지에게 힘을 실어 주는 판결문'

> 아버지에 대하여 아무것도 모르는 재판관은 다음과 같은 판결을 내렸습니다.
> "아무리 문제가 많은 아버지라도 자기 자식과 떼어 놓는 건 좋지 않은 일입니다. 누구도 아버지에게서 자식을 빼앗을 권리는 없지요."

🌞 허크는 위와 같은 판결을 내린 담당판사에게 무엇이라고 말하고 싶었을까요?

....

....

....

2. '자유를 찾아 떠나는 짐'

> 허크는 짐을 흑인들이 자유롭게 살 수 있다는 카이로로 데려다 주기로 마음먹었습니다. 그러나 짐은 더글라스 아주머니와 워트슨 부인에게 미안한 생각이 들었습니다.

🌞 짐이 되어 더글라스 아주머니와 워트슨 부인에게 하고 싶은 말이 무엇이었을지 적어 보세요.

....

....

1 허클베리핀의 아버지는 아주 무서운 사람입니다. 허클베리핀의 아버지에게 좋은 아버지가 되려면 어떻게 해야 하는지 알려주는 글을 써 보세요.

2 이 글에 나오는 허클베리핀과 톰 소여는 어떤 성격일까 생각해 보고 내가 배울 점은 무엇인지 써 보세요.

글숲 여행을 마치며

🔎 우리 주위에 허클베리핀처럼 학교 가기 싫어하는 친구가 있다면, 그 친구에게 '학교는 가야 한다'고 설득하는 글을 적어 보세요.

오성과 한음

1. 오성과 한음이 어떤 인물인지 조사해보고 내용을 써 보세요.

오성	한음

2. 어떤 일을 더 좋은 쪽으로 해결하기 위하여 의견을 내는 것을 '제안'이라고 합니다. 집이나 학교에서 일어난 일 중에서 더 좋은 쪽으로 바꾸고 싶다는 생각이 든 적이 있나요? 바꾸고 싶은 것을 모두 적어 보세요.

 구연동화를 QR로 확인하세요.

글에는 등장인물의 의견과 그렇게 생각하는 까닭이 담겨 있습니다. 글에 담긴 의견이 무엇이며 그 의견이 적절한지 생각하며 '오성과 한음'을 읽어 봅시다.

오성과 한음

여름내 뜨겁게 내리쬐던 햇볕이 차츰 강한 빛을 잃어 갈 무렵, 오성의 집 감나무에는 빨갛게 감이 익어 가고 있었습니다.

어느 날 아침, 한음이 오성의 집에 놀러 왔습니다. 오성의 집 마당의 큰 감나무에는 빨간 감들이 탐스럽게 열려 있었습니다. 이 감나무 가지는 담 너머 옆집까지 뻗어 있었습니다.

"야, 저 감 참 맛있겠다!"

한음이 담 너머에 있는 감을 가리키며 말하였습니다. 오성은 한음의 마음을 알아채고 감을 따려고 하였습니다.

"우리 집 감을 왜 허락도 없이 따려고 하시오?"

옆집 하인이 말하였습니다.

"무슨 말인가? 우리 감나무에 달린 감이야."

"도련님 댁 감이라고요? 그건 우리 감이에요. 보다시피 우리 집으로 가지가 넘어왔잖아요."

도련님: 결혼하지 않은 시동생을 높여 이르거나 부르는 말

옆집 하인이 그쪽으로 넘어간 감나무 가지를 자기네 것이라고 우기며 감을 따지 못하게 하였습니다.

"그런 경우가 어디 있나? 그 감은 우리 것이네. 아무리 담 너머로 가지가 넘어갔어도 감나무는 우리 집에서 심고 가꾸었기 때문이야."

오성이 어이없다는 듯이 옆집 하인에게 말하였습니다.

"옆집에 사는 사람이 도대체 누구니?"

한음이 오성에게 물었습니다.

"권 판서 대감이야."

대감: 조선시대에 정이품 이상의 벼슬아치를 높여 부르던 말. 벼슬이나 지명 따위에 붙여서 불렀다
판서: 조선시대에 둔, 공조의 으뜸 벼슬. 품계는 정이품이다

오성의 옆집에는 권철 대감이 살고 있었습니다. 권 판서는 임진왜란 때 행주산성 싸움에서 큰 승리를 거둔 권율 장군의 아버지였습니다. 그는 매우 어진 사람이었으나 그 집의 하인들은 가끔 오성이네 감을 자기네 것이라고 우겼습니다.

"무슨 좋은 방법이 없을까?"

오성과 한음은 서로 머리를 맞대고 궁리를 하였습니다. 갑자기 한음이 큰 소리로 말하였습니다.

궁리: 마음속으로 이리저리 따져 깊이 생각함. 또는 그런 생각

"좋은 생각이 났어."

"그래? 뭔데?"

오성은 한음의 말을 듣고 고개를 끄덕이며 미소를 지었습니다. 오성과 한음은 곧 권 판서 댁을 찾아갔습니다. 두 소년은 권 판서 댁 하인을 앞세우고 가서 대감이 있는 사랑방 앞에 우뚝 섰습니다.

사랑방: 한옥에서, 집의 안채와 떨어져 있는, 바깥주인이 거처하며 손님을 접대하는 방

"밖에 누가 왔느냐?"

인기척을 느낀 권 판서가 물었습니다.

"대감님, 저의 무례함을 용서하십시오."

오성은 창호지를 바른 방문 안으로 팔을 쑥 들이밀었습니다. 책을 읽고 있던 권 판서는 방문을 뚫고 들어온 팔을 보고 깜짝 놀랐습니다.

"이웃에 사는 항복입니다."

오성은 손을 들이민 채, 권 판서에게 정중하게 말하였습니다. 그리고는 곧 낮은 목소리로 다시 말하였습니다.

"대감님, 지금 이 팔이 누구 팔입니까?"

"그야 네 팔이지, 누구 팔이겠느냐?"

"지금 이 팔은 방 안에 들어가 있지 않습니까?"

"방 안에 있다 해도 네 몸에 붙었으니까 네 팔이지."

권 판서는 오성의 당돌한 질문에 호기심을 느꼈습니다.

"그렇다면 한 말씀 더 여쭙겠습니다. 저 담 너머 감나무에서 뻗어 나와 이 댁에 넘어온 가지는 누구네 것입니까?"

권 판서는 오성이 무엇 때문에 방문을 뚫고 팔을 들이밀었는지 그 뜻을 금방 깨달았습니다.

"음, 그야 너희 것이지. 우리 집에 가지가 일부분 넘어왔어도 나무의 뿌리는 너희 집에 있지 않느냐?"

"그렇다면 왜 이 댁 하인들이 저희에게 감을 못 따게 합니까?"

"우리 집 하인들이 생각이 모자랐던 것 같구나. 다시는 그런 일이 없도록 하마."

"대감님께서 그리 말씀하시니 오히려 제가 송구스럽습니다. 무례한 행동을 너그럽게 용서하여 주십시오."

무례 : 태도나 말에 예의가 없음.
송구스럽다 : 마음에 두렵고 거북한 느낌이 있다

"마음 쓰지 말거라. 그리고 집으로 돌아가 있거라. 내 곧 감을 보내마."

오성은 정중히 인사하고 돌아서서 나왔습니다.

잠시 후 오성과 한음은 권 대감 집에서 가져온 감을 맛있게 먹었습니다.

그날 이후 권 대감은 오성을 관심 있게 지켜보았습니다.

마음속으로 오성을 손녀사위로 점찍어 놓았던 것입니다.

권 대감의 아들은 임진왜란 때 행주산성에서 왜군을 크게 무찌른 권율 장군이었습니다. 오성은 훗날 권율 장군의 사위가 되었습니다.

1. 이 글에 등장하는 인물에는 누가 있는지 적어 보세요.

2. 등장인물들은 무엇에 대하여 자신의 의견을 말하고 있나요?

3. 옆집 하인은 감이 왜 자기네 것이라고 생각하였나요?

4. 오성은 옆집 하인의 말에 어떻게 답변하였나요?

5. 오성이 권 판서 댁을 찾아가 한 행동은 무엇인가요?

6. 권 판서는 왜 감나무가 오성이네 것이라고 말했나요?

1 '자신의 감이라고 우기는 하인'

> "도련님 댁 감이라고요? 그건 우리 감이에요. 보다시피 우리 집으로 가지가 넘어왔잖아요."

🙂 옆집 하인이 잘 알아듣도록 설득하는 말을 적어 보세요.

2 '권판서, 오성의 지혜로움에 반하다.'

> "오성은 참으로 지혜롭고 용감한 소년이구나. 높은 벼슬에 있는 나를 무서워하지도 않고 말이야."

🙂 권판서가 되어 오성의 지혜와 용기를 칭찬해 주는 말을 적어 보세요.

1 다음은 옆집 하인과 권 판서가 말한 의견입니다. 그렇게 말한 까닭과 그 의견에 대한 나의 생각을 써 보고 친구들과 토론해 보세요.

옆집 하인	◆의견 → 감은 우리 것이다.
	까닭
	내 생각

권 판서	◆의견 → 감나무는 오성이네 것이다.
	까닭
	내 생각

2 '오성과 한음' 이야기의 등장인물이 말한 의견 중에서 내가 동의하는 의견과 그렇게 생각한 까닭을 적어 보세요.

- 등장인물이 말한 의견 중에서 자신이 동의하는 의견 ➡

- 그렇게 생각한 까닭 ➡

글숲 여행을 마치며

세계적으로 유명한 빌게이츠는 자신이 성공한 이유를 다음과 같이 이야기 했습니다. "오늘의 나를 있게 한 것은 우리 마을의 작은 도서관입니다. 하버드 졸업장보다 소중한 것은 독서하는 습관입니다."

독서는 사람의 미래를 바꿉니다. 책과 친해질 수 있는 방법을 생각해서 다음 단계에 맞추어 써 보세요.

제 목 – 기억에 남는 책 제목쓰기	
주장하기 – 왜 좋은 책인지 주장쓰기	
주장에 따른 이유 – 그렇게 생각한 까닭쓰기	
요약하기 – 위의 내용 요약하기	

길 아저씨 손 아저씨

1. 장애를 가진 친구들은 일상생활에서 불편을 겪고 있습니다. 어떤 시설이 있으면 좋을지 적어 보세요.

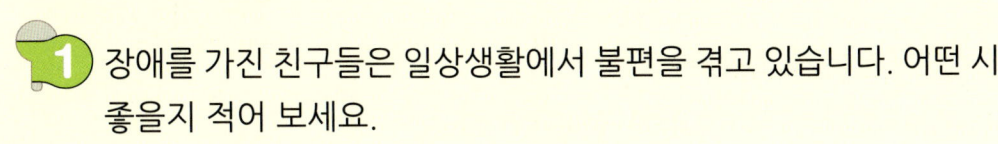

2. 내가 어려운 처지에 있었을 때 도움을 받았던 경험이나, 내가 도와 준 경험을 적고 그때의 느낌을 써 보세요.

- 도움을 받았던 경험과 그때의 느낌 →

- 내가 도와 준 경험과 그때의 느낌 →

구연동화를
QR로 확인하세요.

이야기 속 인물이 서로 어떻게 돕는지 생각하며 '길 아저씨 손 아저씨'를 읽어 봅시다.

길 아저씨 손 아저씨

옛날에 두 아저씨가 있었어요.
윗마을 길 아저씨는 두 다리가 불편했어요.
그래서 어릴 때부터 방안에서
꼼짝 못하고 앉아서만 살았대요.
부모님이 계실 때는 잘 보살펴 주셔서
그런대로 살아갈 수 있었지요.

아랫마을 손 아저씨는 두 눈이 보이지 않았어요.
태어날 때부터 눈이 보이지 않았으니
얼마나 슬펐겠어요.
손 아저씨 역시 다 자랄 때까지
부모님의 보살핌으로
집 안에서만 더듬거리며 살아갔지요.

세월이 흘러 길 아저씨네 부모님도
세월 : 흘러가는 시간, 지내는 형편이나 사정. 또는 그런 재미
손 아저씨네 부모님도 모두 세상을 떠나 버렸어요.
이제 두 사람은 어떻게 살아야 할까요.

길 아저씨는 방 안에 꼼짝 않고 앉아서
슬프게 울고 있었어요.
두 다리를 못 쓰니까
아무데나 나갈 수 없어서 막막할 수밖에요.

손 아저씨도 어렵기는 마찬가지였어요.
그런데 손 아저씨는 다행히
지팡이를 짚고 더듬더듬
밖으로 나들이를 할 수 있었지요.
그래서 바가지를 들고
이 집 저 집 끼니를 구걸해서 먹고 살았어요.

구걸 : 돈이나 곡식, 물건 따위를 거저 달라고 빎

어느 날 이었어요.
  손 아저씨가 커다란 대추나무 집에 구걸하러 갔을 때 그 집 할머니가 말씀하셨어요.
  "에그, 딱하기도 하지. 하지만 윗마을 길 총각한테 비하면 괜찮은 편이야. 길 총각은 두 다리를 못 쓰니 방안에서 꼼짝 못하고 앉아만 있다는구먼."

손 아저씨의 머릿속에 무언가 번쩍 떠올랐어요.
"할머니, 좀 힘드시겠지만 저를 윗마을 길이한테 데려다 주시겠어요?"
"거기서 무엇 하게?"
"무언가 서로 도울 일이 있을 것 같아서요."
"둘 다 불편한 몸인데 무얼 어떻게 돕겠다는 거야."
할머니는 고개를 갸우뚱했지만

갸우뚱 : 물체가 한쪽으로 약간 기울어지는 모양

선뜻 손 아저씨의 손을 잡고
윗마을 길 아저씨네 집으로 데려다 줬어요.

길 아저씨는 손 아저씨를 반갑게 맞았어요.
서로가 어려운 형편이니 마음이 금세 통한 것이지요.

금세 : 얼마 되지 않는 짧은 시간 안에

"여보게, 우리 서로 도와 가면서 살도록 하세."
손 아저씨가 보이지 않는 눈으로 길 아저씨를
향해 웃었어요.
"하지만 나는 걷지도 못하는데
 어떻게 남을 도울 수 있겠나."
"걱정 말게나. 다행히 나는 앞을 못 보지만
이렇게 어깨가 튼튼하니까 내가 자네를 업고
다니겠네."
길 아저씨는 금세 마음이 환하게 밝아졌어요.

그날부터 길 아저씨와 손 아저씨는
함께 한 몸처럼 살게 되었어요.
길 아저씨는 손 아저씨 등에 업혀
길을 잘 이끌어 주고
손 아저씨는 길 아저씨를 등에 업고
어디든 잘 걸어 다녔으니까요.

길 아저씨와 손 아저씨는
이 마을 저 마을 다니며 구걸을 했어요.
이따금 어느 집에서 일감을 주면
새끼도 꼬고 짚신도 삼았어요.
둘은 부지런히 일했어요.

봄이 오고
여름이 가고
가을이 가고
겨울이 가고…….
세월이 많이 흘렀어요.

길 아저씨와 손 아저씨는
점점 솜씨가 늘어 온갖 물건을 만들었어요.
집 안에서 지게도 다듬고, 바소쿠리와 봉태기도 만들고,
멍석도 짜고, 깨끗한 돗자리도 엮었어요.
길 아저씨와 손 아저씨도 이제는
남에게 기대지 않고 살아갈 수 있었어요.

봉태기 : '소쿠리'의 방언(경남)
바소쿠리 : '발채'의 방언. 지게에 얹어 짐을 싣는 데 쓰는 소쿠리 모양의 물건
멍석 : 짚으로 새끼 날을 만들어 네모지게 결어 만든 큰 깔개. 흔히 곡식을 널어 말리는 데 쓰나, 시골에서는 큰일이 있을 때 마당에 깔아 놓고 손님을 모시기도 했다

사람들이 아저씨네 집에 물건을 사러 왔어요.
꼼꼼하고 솜씨 좋은 아저씨네 물건을
모두들 좋아했어요.
아저씨네는 물건을 판 돈으로 옷도 사고
신발도 사고 아쉬운 살림살이를 모두 샀어요.

길 아저씨가 먼저 장가를 갔어요.
강 건너 숙이라는 아가씨가
착한 아저씨한테 반해 버린 거지요.
손 아저씨는 조금 늦게
연이라는 아가씨한테 장가들었고요.
두 아저씨는 부지런히 일을 해서
사이좋게 이웃하고
함께 도우면서 오래오래 살았지요.
아주아주 행복하게요.

장가 : 남자가 결혼하여 아내를 맞이하는 일을 이르는 말

1 길 아저씨와 손 아저씨는 각각 어디가 불편했나요?

(1) 길 아저씨 ▶

(2) 손 아저씨 ▶

2 길 아저씨와 손 아저씨는 어떻게 해서 함께 살게 되었나요?

3 길 아저씨와 손 아저씨는 서로 어떻게 도왔나요?

4 시간이 지나, 길 아저씨와 손 아저씨가 남에게 기대지 않고 살 수 있었던 것은 무엇 때문이라고 생각 되나요?

5 두 아저씨를 주위에서 도와 준 사람들과 도와 준 일을 적어 보세요.

1 '부모님이 돌아가셔서 슬픈 길 아저씨'

"두 다리를 못 쓰는 나를 위해 부모님은 너무 고생이 많으셨어. 하지만 도와주셨던 부모님이 돌아가셔서 너무 슬프단다."

☀ 길 아저씨가 되어 그동안 나를 위해서 고생하신 부모님께 감사하는 말을 적어 보세요.

....

....

....

2 '새로운 이름을 지어줘!'

"다른 사람들은 우리들을 길 아저씨와 손 아저씨라고 부르고 있단다. 다른 이름이 있었으면 좋겠어."

☀ 여러분이 작가가 되어 두 주인공의 이름을 새롭게 지어 보세요. 길 아저씨와 손 아저씨의 이름을 어떻게 지어보고 싶은가요?

- 길 아저씨 :
....
- 손 아저씨 :
....

1 두 아저씨처럼 부족한 점을 채워 주며 짝이 되어 서로 도움을 주는 것은 어떤 것이 있는지 주변에서 찾아 써 보세요.

2 내가 이 글의 주인공이라면 어떻게 행동했을지 적어 보세요.

- 길 아저씨였다면 ➡
- 손 아저씨였다면 ➡

3 길 아저씨와 손 아저씨가 돌다리를 건너는 모습에서 다음의 이야기가 어떻게 전개될 것인지 상상해서 뒷이야기를 완성해 보고 친구들 앞에서 발표해 보세요.

> 길 아저씨는 손 아저씨 등에 업혀 돌다리를 건너다가 물속에서 반짝이는 금덩이를 발견했습니다. 순간, 길 아저씨는 욕심이 생겼습니다.

5. 길 아저씨 손 아저씨

글숲 여행을 마치며

아직 이 책을 읽지 않은 친구에게 '길 아저씨 손 아저씨' 책을 소개하는 광고문을 만들어 보세요.

친구들아, 이 책은 참 재미있단다!	
책이름	
주요인물	

— 가장 기억에 남는 장면 그리기 —

— 광고문 쓰기 —

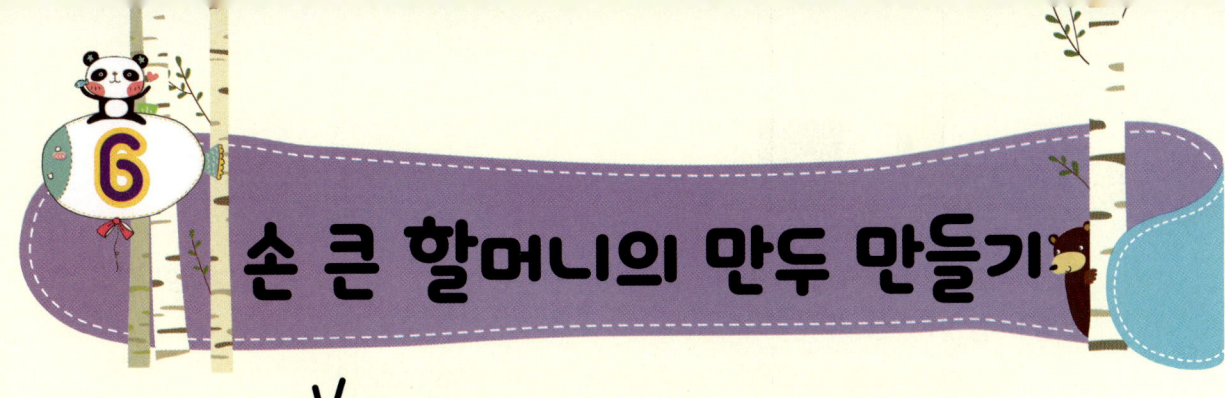

손 큰 할머니의 만두 만들기

 '설날'이라는 말을 듣고 생각나는 것을 적어 보세요.

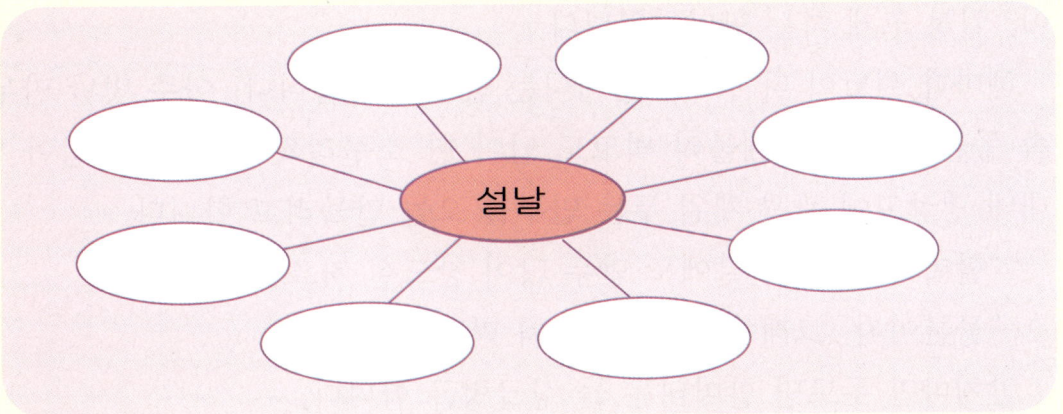

 설날에 하는 민속놀이를 모두 적어 보세요.

_____

_____

3 만두를 빚는 모습을 보았거나 내가 직접 만두를 빚어 본 경험을 적어 보세요.

구연동화를 QR로 확인하세요.

다른 사람을 배려하는 할머니의 따뜻한 마음을 생각하며 '손 큰 할머니의 만두 만들기'를 읽어 봅시다.

손 큰 할머니의 만두 만들기

아주 아주 손이 큰 할머니가 있습니다. 무엇이든지 하기만 하면 엄청 많이, 엄청 크게 하는 할머니입니다.

해마다 설날이 다가오면 할머니는 만두를 빚습니다. 아주 맛난 만두, 숲속 동물들이 모두 배불리 먹고도 남아 한 소쿠리씩 싸 주고도 남아 일 년 내내 냉장고에 꽉꽉 채워 두는 만두를 오늘 만들려고 합니다.

"할머니, 이번 설날에도 만두 많이 만드실 거죠?"

"물론이지. 그래야 다 같이 나눠 먹잖니!"

앞치마만 두르면 할머니는 늘 싱글벙글 합니다.

자, 이제 시작입니다.

"뭐니뭐니 해도 김치가 많이 들어가야 맛이 나지!"

하며 김치를 있는 대로 다 꺼내 오고.

"김치가 많이 들어가니 숙주나물도 넉넉히 들어가야지!"

하며 숙주나물도 있는 대로 다 삶아 대고.

"숙주나물이 많이 들어가니 두부도 그만큼 들어가야지!"

하며 두부를 있는 대로 다 내놓고.

"다른 것이 다 많이 들어가니 고기도 양껏 들어가야지. 암, 그렇고말고!"

하며 냉장고에서 고기를 다 꺼내 놓고는…….

"그런데 이 만두소를 어디다 버무리지?"

만두소 : 만두 속에 넣는 재료. 주로 고기, 두부, 김치, 숙주나물 따위를 다진 뒤 양념을 쳐서 한데 버무려 만든다

궁리궁리하다가 할머니는 헛간 지붕으로 쓰는 함지박을 끌어 와 거기다

만두소를 몽땅 쏟아 넣었습니다.

할머니는 삽을 들고 함지박 안으로 들어가 만두소에 파묻혀 엎치락뒤치락 그러면서도 씩씩하게 만두소를 버무립니다.

함지박 : 통나무의 속을 파서 큰 바가지같이 만든 그릇

"이제 다 되었군!"

함지박을 나와 할머니는 환히 웃었습니다.

골고루 잘 섞인 만두소가 둥근 언덕처럼 보였습니다.

"만두소가 저만하니 만두피도 많이 만들어야겠지?"

만두피 : 만두의 거죽이 되는 밀가루 반죽의 얇은 반대기. 만두를 만들 때, 만두소를 넣고 싸는 데 쓴다

할머니의 큰 손이 다시 일을 하기 시작합니다. 어깨가 들썩여지고 노래가 술술 나왔습니다.

만두 만두 설날 만두
아주 아주 맛난 만두
숲 속 동물 모두 모두
배불리 먹고도 남아
한 소쿠리씩 싸 주고도 남아
소쿠리 : 대나 싸리로 엮어 테가 있게 만든 그릇
일 년 내내 사시사철
사시사철 : 봄·여름·가을·겨울 네 철 내내의 동안
냉장고에 꽉꽉 담아
배고플 때 손님 올 때
심심할 때 눈비 올 때
한 개 한 개 꺼내 먹는
손 큰 할머니 설날 만두

다음날 아침 할머니는 종을 댕댕 쳤습니다.

"어서 가서 엄마 아빠 오시라고 해라. 만두 빚자고."

만두 빚을 준비가 다 된 것입니다.

종소리를 듣고 겨울잠을 자던 동물들이 오고 있습니다. 동물들은 저희들

끼리 두런두런 이야기를 합니다.

"어느새 만두 빚을 때가 되었네. 세월 참 빠르다."

"지난 설에는 꼬박 일주일 동안 만두를 빚었잖아. 올해는 조금 빚는다고 했는데."

"보나마나 이번에도 만두소가 어마어마할 거야."

집 앞에 도착한 동물들은 만두소를 보더니 입이 쩍 벌어졌습니다. 지난 설보다 훨씬 많아 보였습니다.

"으아악! 세상에, 저게 다 만두소야?"

"저걸 언제 다 만든담? 한 달도 더 걸리겠네!"

"밀가루 반죽은 또 얼마나 많이 했을까?"

그렇지만 어린 동물들은 얼른 만두를 빚고 싶어 난리였습니다. 할머니도 큰 소리로 으름장을 놓았습니다.

"이게 뭐가 많아? 나 혼자 해도 하루 아침에 다 하겠다. 자, 게으름 부리지 말고 어서 일들 하자고."

그 말을 듣고서야 동물들은 주춤주춤 함지박 곁으로 모여들었습니다.

만두 빚는 일은 재미있습니다.

여우는 여우 만두를
다람쥐는 다람쥐 만두를
호랑이는 호랑이 만두를
너구리는 너구리 만두를
뱀은 뱀 만두를
곰은 곰 만두를

저마다 자기 것이 예쁘다며 부지런히 만듭니다.

동그랗게 만두피를 만들고, 그 안에 만두소를 넣어 모양을 다듬고, 다 만

6. 손 큰 할머니의 만두 만들기

든 것을 머리에 이고 나르며 모두 신이 났습니다.

할머니는 높은 나무에 올라가 망원경을 눈에 들이대고 가끔 이렇게 호령합니다.

망원경 : 두 개 이상의 볼록 렌즈를 맞추어서 멀리 있는 물체 따위를 크고 정확하게 보도록 만든 장치

"너구리야, 만두소를 조금씩 넣어라. 다 터지고 있잖아!"

"저기 다람쥐, 졸지 마! 그러다 만두소에 코 박겠다."

하루가 지나고 이틀이 지나고 사흘이 지났습니다. 그러나 만두소는 아직도 봉긋합니다.

"정말이지, 할머니 손 큰 것은 알아주어야 한다니까."

"만두는 먹어 보지도 못하고 만두 귀신 되겠다."

"그런데 저 만두소는 만들면 만들수록 커지는 것 같아."

동물들이 너도 나도 이렇게 투덜거리자, 나흘날 아침 할머니가 말했습니다.

"만두를 크게 크게 만들어라. 그래야 속이 빨리 줄지!"

그때부터 동물들은 만두를 크게 만들었습니다.

처음에는 사과만큼, 그러다 호박만큼, 그러다 항아리만큼, 그러다 자기 몸보다 더 큰 만두가 생겼습니다.

닷새가 지나고 엿새가 지나고 이레가 지났습니다. 만두소는 좀 줄었지만

닷새 : 다섯 날   엿새 : 여섯 날   이레 : 일곱 날

바닥이 보이려면 아직 먼 것 같았습니다. 동물들은 만두고 뭐고 지쳐 그 자리에 누워 버렸습니다. 순간, 할머니는 좋은 생각이 떠올랐습니다. 할머니는 동물들에게 외쳤습니다.

"얘들아, 이제 남은 만두소를 전부 모아 큰 만두 하나를 만들자."

"만두 하나를 만들자고요?"

"그럼, 세상에서 제일 큰 만두가 될 거야."

"세상에서 제일 큰 만두요?"

"그렇다마다. 그리고 세상에서 제일 맛있는 만두!"

동물들은 기운이 펄쩍 났습니다.

우선, 밀가루 반죽을 보자기처럼 넓게 펼쳐 놓고는 남아 있는 만두소를

모조리 쏟아 부었습니다. 그리고는 양쪽에서 만두피를 붙잡고,
"야아! 야아!"
함성을 지르며 앞으로 달렸습니다.

만두 만두 큰 만두
아주 아주 큰 만두
앞산 만큼 큰 만두
뒷산 만큼 큰 만두
세상에서 제일 큰 만두
만두를 만들자.
손 큰 할머니 설날 만두
만두를 만들자.

"그런데 이 큰 만두 입은 어떻게 붙이지?"
돗바늘 : 매우 크고 굵은 바늘. 돗자리, 구두, 가죽 따위의 단단한 것이나 이불처럼 두꺼운 것을 꿰매는 데 쓴다
궁리궁리하다가 할머니는 방에 들어가 싸리비만한 돗바늘을 가지고 나
싸리비 : 싸리의 가지를 묶어 만든 비. 주로 마당비로 사용한다
왔습니다. 거기에 실을 꿰어 만두 입을 꿰매기 시작했습니다. 터지지 않게
꽁꽁 꿰맸습니다.
"그런데 이 큰 만두를 어디다 삶지?"
또 한번 궁리궁리하다가 할머니는 엄청나게 큰 가마솥을 끌고 와 돌 위
에 올려놓았습니다. 물을 길어 가득가득 붓고 불을 지폈습니다.

만두가 익어갑니다.
장작불 위에서
가마솥 안에서
아주 아주 큰 만두가 익어갑니다.
만두가 익어 갈수록
섣달 그믐날 밤도 푹 익어갑니다.

드디어 만두가 익었습니다. 가마솥에서 만두를 꺼내니 김이 포르르 나고 맛있는 냄새가 온 사방에 퍼졌습니다.

배고픈 동물들이 한꺼번에 만두로 달려들었습니다.

만두다, 만두.
만두를 먹자.
세상에서 제일 큰 만두
만두를 먹자.
설날 아침 모두 모여
만두를 먹자.

설날 아침 할머니와 동물들은 만두를 먹고 모두 한 살을 더 먹었습니다.

1 만두를 만들기 위해서 사용된 도구를 모두 적어 보세요.

2 만두 속에 넣는 재료를 '만두소'라고 합니다. 만두를 만들 때 필요한 재료는 무엇이 있는지 적어 보세요.

3 나무에 올라간 할머니는 어떤 동물에게 뭐라고 호령하셨나요?

4 만두소가 줄어들지 않자 동물들은 만두를 크게 만들기 시작했어요. 만두 크기의 순서를 적어 보세요.

| 처음에는 | ▶ | | ▶ | | ▶ | |

5 모든 동물들이 만두를 만들다 지쳐버리자 할머니는 좋은 생각이 떠올랐습니다. 그 생각은 무엇인가요?

6 큰 만두의 입은 어떻게 붙였나요?

7 큰 만두는 어디에 살았나요?

6. 손 큰 할머니의 만두 만들기

1 '손 큰 할머니의 큰 만두 삶기'

"휴, 엄청나게 큰 가마솥을 끌고 와 돌 위에 올려놓았더니 너무 힘든걸! 이제는 물을 가득 붓고 만두만 삶으면 되는데 무슨 좋은 방법이 없을까?"

😊 큰 가마솥에 물을 길러 오는 가장 좋은 방법을 생각하여 동물 친구에게 알려 주세요.

....

....

....

2 '망원경으로 살펴보며 호령하는 할머니'

"너구리야, 만두소를 조금씩 넣어라. 다 터지고 있잖아!"
"저기 다람쥐, 졸지 마! 그러다 만두소에 코 박겠다."

😊 할머니에게 너구리와 다람쥐의 섭섭한 마음을 전달하는 말을 적어 보세요.

....

....

....

1 설날에 가족과 꼭 하고 싶은 일과 그 이유를 적어 보세요.

2 이 글에 나오는 노래 가사를 재미있게 바꾸어 보세요.

만두 만두 설날 만두
아주 아주 맛난 만두
숲 속 동물 모두 모두
배불리 먹고도 남아
한 소쿠리씩 싸 주고도 남아
일 년 내내 사시사철
냉장고에 꽉꽉 담아
배고플 때 손님 올 때
심심할 때 눈비 올 때
한 개 한 개 꺼내 먹는
손 큰 할머니 설날 만두

▶

3 동물들이 만두 빚는 것이 힘들어서 도중에 포기했다면 어떤 일이 벌어질지 뒷이야기를 상상하여 꾸며 보세요.

6. 손 큰 할머니의 만두 만들기

글숲 여행을 마치며

🔖 타인을 배려하고 함께 살아가는 방법을 주장하는 글을 써 보세요. 나의 의견을 정리하여 개요 짜기를 해 보세요.

| 예시 | 제목: 아파트에서 개 키우기 |

[글의 처음 부분]

논점 확인 : 아파트에서 개를 키워도 문제가 없는가?

[글의 가운데 부분]

주장(생각)

나는 아파트에서 개를 키워도 된다고 생각한다.

근거(사실)

1. 털이 날려 지저분하지 않도록 하고, 외출시 배설물은 신경을 써서 바로 치우면 된다.

2. 개가 짖는 것은 큰 소음은 아니므로 이해하면 큰 문제가 안된다.

근거(왜)

물론 문제점이 있기는 하지만, 주인이 잘 관리하면 문제를 해결할 수 있기 때문이다. 그러므로 개를 키우는것을 무조건 반대하는 것은 곤란하다.

[글의 끝 부분]

최종 주장 : 우리 모두 동물을 사랑하는 마음으로 아파트에서 개를 키우는 것을 이해하자.

제목 : 아파트에서 개 키우기

우리는 앞을 못 보는 사람이 훈련된 개의 도움을 받고 살아가는 것이나, 지진이나 무너진 사고 현장에서 사람들을 구하는 구조견의 활동을 보았다.(관심 끌기) 개들은 주인을 위하여 자신의 몸을 아끼지 않으며 우리들에게 믿음과 사랑을 가르쳐준다.(논점 접근) 이처럼 주인을 믿고 따르는 개를 아파트에서 키우는 것은 다소 문제가 있더라도 이해하는 마음이 필요하다.(논점)

그렇다면 우리는 왜 아파트에서 개를 키워도 문제가 없는가? 아파트에서 개를 키우며 생기는 문제점은 주인이 잘 관리하면 해결할 수 있기 때문에 무조건 반대만 하는 것은 곤란하다.(근거) 예를 들어 털이 날려 지저분해 지는 것이나, 외출시 배설물은 주인이 신경을 써서 관리하면 된다.(자료1) 그리고 개가 짖는 것도 늘 있는 일이 아니고 다른 소음에 비하면 작으므로 큰 문제가 안 된다.(자료2) 그리고 개는 아이들과 친구가 되어 주고 어른들에게 재롱도 떨어 가족을 즐겁게 해 주기도 한다.(자료3)

이처럼 개는 관리만 잘 하면 아파트에서 키우더라도 별 문제가 없고 오히려 우리에게 도움을 준다.(근거·자료 요약) 따라서 아파트에서 개를 키우면서 생기는 문제점만 슬기롭게 해결하면 키워도 된다.(주장)

우리는 개를 '반려 동물'이라고 한다. 이 뜻은 불편함도 즐거움도 함께 한다는 뜻이다. 그 행복은 '나'만 생각하면 오지 않고, 내가 이해하고 함께 할 때 느끼는 것이다. 그러므로 우리 모두 아파트에서 개를 키우는 것을 이해하고 동물 사랑을 실천하는 아름다운 세상을 만들도록 하자.(최종 주장)

제목 : 일하지 않는 노숙자에게 무상으로 식사를 제공해야 하는가?

[글의 처음 부분]

논점 확인 :

[글의 가운데 부분]

주장(생각)

나는

근거(사실)

근거(왜)

[글의 끝 부분]
최종 주장 :

개요 짜기를 바탕으로 논술하여 보세요.

제목 : 일하지 않는 노숙자에게 무상으로 식사를 제공해야 하는가?

짜장 짬뽕 탕수육

1 우리 반 친구들이 하는 놀이에는 어떤 것이 있는지 적어 보세요.(놀이 방법도 간단하게 적어 보세요.)

좋아하는 놀이	
좋아하는 이유	

2 내가 제일 좋아하는 음식은 무엇인가요? 좋아하는 음식 이름의 낱말을 이용하여 삼행시로 표현해 보세요.

좋아하는 음식	
좋아하는 음식으로 삼행시 짓기	

이야기 속 인물의 마음과 기분을 생각하며 '짜장 짬뽕 탕수육'을 읽어 봅시다.

짜장 짬뽕 탕수육

꽃샘추위: 이른 봄, 꽃이 필 무렵의 추위

새봄을 시샘하듯 꽃샘 추위가 대단합니다. 옷깃을 여미며 사람들이 종종걸음으로 지나갑니다. 종민이 아버지와 어머니는 일찍부터 장사 준비를 합니다. 늘 그렇듯이 온통 짜장, 짬뽕, 탕수육, 잡채밥 등을 만드는 재료로 가득합니다. 장미반점은 종민이네 가게 이름입니다.

시샘: 샘내다, 시기하다, 시새우다

도시로 이사 와서 낯설고 두렵지만 종민이네 가족은 모두 하나 되어 열심히 일합니다. 종민이는 얼른 얼굴을 씻고 학교 갈 준비를 합니다. 어머니가 차려 놓으신 아침밥을 후다닥 비우고 학교로 갑니다. 어머니가 싸주신 따뜻한 짜장이 들어 있는 도시락 가방이 종민이 어깨 위에서 달랑달랑 쫓아옵니다.

교실에선 아이들이 서너 명씩 모여 이야기꽃을 피웁니다. 새 선생님은 어떻고, 교실은 어떻고, 재잘재잘 시간 가는 줄 모릅니다. 종민이는 덩그렇게 혼자 자리만 지키고 있습니다.

1교시 쉬는 시간입니다. 종민이는 화장실로 갑니다. 그때 한 아이가 오줌을 누지 않고 이쪽 저쪽 뭔가를 찾는 것처럼 두리번거립니다. 갑자기 그 아이는 장군이 전쟁터에서 호령하듯 큰 소리로 외칩니다.

호령: 부하나 동물 따위를 지휘하여 명령함. 또는 그 명령

"왕, 거지, 왕, 거지……."

덩치도 제법 큰 아이가 앞장서서 외치자 몇몇 다른 아이들은 주르르 따라서 외치고 있습니다. 그리고는 왕이라고 정한 자리에 재빠르게 가서 섭니다. 다음에 들어오는 아이들도 눈치로 알았는지 빈 자리에는 서지 않습

니다.

종민이는 오줌을 누다 말고 어안이 벙벙합니다. 거지 자리는 텅 비어 있어도 모든 아이들이 왕 자리에 줄을 서 있습니다. 그러고 보니 종민이만 거지 자리에서 오줌을 눕니다.

"거지래요. 거지래요."

다른 아이들은 손가락으로 가리키며 신나게 떠들어 댑니다.

얼굴이 홍당무가 된 종민이는 오줌을 어떻게 누었는지도 모르게 지퍼를 올리고 냅다 교실로 뜁니다.

"내가 거지라고!"

종민이는 눈물까지 글썽입니다. 이사 오기 전에 다니던 학교의 친구 얼굴이 하나 둘 스쳐갑니다. 다음 시간부터는 화장실 가기가 싫습니다. 쉬는 시간만 되면 괴롭습니다. 종민이는 창밖을 내다보면 가슴이 후련해질 것 같았습니다. 하얀 구름이 한눈에 들어옵니다. 전에 다니던 학교나 여기나 하늘은 같지만 느낌은 참 다릅니다.

"거지래요. 거지래요."

갑자기 귓속을 파고드는 말, 거지, 거지.

"내가 왜 거지야?"

종민이는 뒤를 돌아보며 볼멘소리로 대듭니다.

볼멘소리 : 서운하거나 성이 나서 퉁명스럽게 하는 말투

종민이는 수업 시간에도 선생님 말씀이 귀에 들어오지 않습니다. 잘 돌던 팽이가 죽을 때쯤이면 덜덜덜 떨리듯이 마음이 불안합니다. 게다가 이번엔 오줌까지 마렵습니다.

'선생님께 말씀드릴까?'

생각뿐 말문이 열리지 않았습니다. 기다리던 종소리가 울립니다. 종민이는 얼른 화장실로 뛰어갑니다. 앞뒤 가릴 것 없이 화장실에 들어가서 지퍼를 내립니다.

오줌이 쭉쭉 시원스럽게 나옵니다. 이제 좀 살 것 같습니다.

한 아이가 빨빨거리고 들어옵니다. 뒤이어 큰 덩치도 따라옵니다.

"왕, 거지, 왕, 거지, 왕, 거지……."

큰 덩치가 반대쪽 변기부터 다시 왕, 거지를 크게 외치고는 빈 자리에 떡 하니 섭니다. 다른 아이들이 빤히 쳐다봅니다. 큰 덩치는 옆에 있는 종민이를 보고 말합니다.

"야! 너 아까도 거지더니 또 거지잖아."

7. 짜장 짬뽕 탕수육

그러자 종민이 뒤에 서 있던 아이들이 눈치를 살피며 큰 덩치 뒤로 자리를 옮깁니다. 다른 칸도 마찬가지로 뒤죽박죽이 됩니다.

눈 깜짝할 사이에 왕, 거지가 바뀝니다. 종민이는 또 한 번 거지가 됩니다.

"거지래요. 거지래요."

"종민이 거지, 얼마 줄까?"

종민이는 얼굴이 불그스레해져 화장실을 빠져 나갑니다. 새 학교가 이렇게 힘들 줄은 꿈에도 몰랐습니다. 그저 새로운 친구들, 선생님만 생각하며 왔는데 너무 힘에 부칩니다.

점심 시간에도 종민이 혼자 도시락을 꺼냅니다. 다른 아이들은 지난 학년 같은 반 친구들과 두세 명씩 모여 앉습니다. 네모난 도시락과 짜장이 든 유리병을 꺼냅니다. 종민이는 까만 짜장을 몇 숟가락 떠서 밥과 골고루 비빕니다.

옆에 있는 아이들이 짜장 냄새를 맡고 쳐다봅니다. 큰 덩치도 쳐다봅니다. 그리고는 큰 덩치가 종민이 쪽으로 어기적어기적 다가옵니다. 몸은 느릿하지만 눈빛은 호랑이가 먹이를 찾을 때처럼 매섭습니다.

어기적어기적 : 팔다리를 부자연스럽고 크게 움직이며 천천히 걷는 모양

"야, 이거 커피 병 아니야. 넌 도시락 통도 없냐?"

큰 덩치는 커피 병에 짜장을 담아 온 걸 꼬투리 잡고 늘어집니다. 종민이는 당당하게 대답합니다.

"그래. 이거 우리 엄마가 깨끗이 씻어서 다시 쓴 거야. 왜? 뭐가 잘못됐어?"

"하긴 거지니까, 다르긴 다르다. 그래, 실컷 먹어."

이 말을 들은 종민이는 주먹을 쥐고 부르르 떱니다. 아는지 모르는지 큰 덩치는 아무 일도 없었던 것처럼 자기 자리로 돌아갑니다.

"종민아, 네가 참아."

앞에 앉은 누리가 다정하게 말합니다. 종민이는 이 소리를 듣자마자 주먹이 스르르 풀리며 자기도 모르게 누리 쪽으로 눈길을 옮깁니다. 처음으

로 들어보는 친절한 말입니다.

"그래, 종민아. 재들은 원래 저래. 3학년 때도 얼마나 개구쟁이였는데."

누리 옆에 있던 아이도 거듭니다. 종민이 마음은 벌써 스르르 풀어졌습니다.

"응!"

종민이는 작게 대답하고는 살짝 웃습니다. 짜장과 밥을 쓱쓱 비벼서 열무와 함께 맛있게 먹습니다.

5교시 쉬는 시간입니다. 반 친구들은 화장실로 향합니다. 큰 덩치도 갑니다. 큰 덩치 친구들도 따라갑니다. 종민이도 따라갑니다. 큰 덩치는 화장실에 들어서자마자 왕, 거지를 정합니다. 늘 하던 모습대로 첫 번째 변기부터 정하기 시작합니다. 그리고 약속이라도 한 듯 왕 자리에 줄을 섭니다. 종민이가 들어갔을 때는 다른 반 아이들까지 몰려서 꽤 어수선합니다. 거지 자리는 주인 없이 텅텅 비어 종민이는 잠시 뭔가를 골똘히 생각합니다.

'그렇지, 하하.'

뭐가 좋은지 종민이는 혼자 히히덕거리며 맨 앞 변기로 갑니다.

히히덕거리다 : 시시덕거리다

"짜장, 짬뽕, 탕수육, 짜장, 짬뽕, 탕수육……."

종민이는 있는 힘을 다해 크게 외칩니다. 백 미터 달리기 선수처럼 끝 변기까지 잽싸게 뛰어갑니다. 자기를 보란 듯이 말입니다. 아이들은 화들짝 놀라며 모두 종민이를 이상하게 바라봅니다. 종민이는 다시 한 번 되풀이합니다.

잽싸다 : 동작이 매우 빠르고 날래다

"짜장, 짬뽕, 탕수육……."

그리고는 빨리 탕수육 자리에 섭니다. 다른 아이들은 잠시 머뭇거리다가 짜장 자리에 섭니다. 아이들이 여기저기서 웅성거리기 시작합니다.

"짜장? 짬뽕? 탕수육? 어떤 게 더 좋은 거야?"

이때 큰 덩치가 다시 앞에서부터 왕, 거지를 크게 말합니다.

"왕, 거지, 왕, 거지……."

그런데 아이들은 별로 관심이 없습니다. 그저 짜장, 짬뽕, 탕수육에만 온 정신을 팔고 있습니다.

"난 짜장이 최고야."

"난 짬뽕이 좋아."

대부분 짜장이 좋은가 봅니다. 큰 덩치도 이제 분위기를 알았는지 개미만한 소리로 말합니다.

"나도 짜장이 좋아."

왕 자리를 그만두고 짜장 자리로 옮깁니다. 이때 종민이가 큰 소리로 말합니다.

"짜장은 이천오백원! 짬뽕은 삼천원! 탕수육은 만 이천원!"

그러자 대부분의 아이들은 탕수육 자리에 가서 섭니다. 종민이 뒤에 줄이 쭉 이어집니다. 그러더니 잠시 뒤 자기 자리를 찾아갑니다.

"난 그래도 짜장이 최고야!"

"난 얼큰한 짬뽕이 좋아!"

"난 비싼 탕수육도 먹고 싶어!"

나름대로 까닭이 있습니다.

종민이와 아이들은 함박웃음을 짓습니다. 뒤에 서 있던 큰 덩치도 한마디 합니다.

함박웃음 : 크고 환하게 웃는 웃음

"종민아, 탕수육이 그렇게 비싸냐?"

"그럼, 맛도 좋지. 특히 우리 아빠가 만드신 건."

종민이 얼굴엔 환한 웃음이 가득합니다. 해님도 찬바람을 몰아내고 따스한 햇살을 비추어 줍니다.

1. 덩치 큰 아이는 화장실에서 갈 때마다 무엇이라고 외치면서 자리를 정하나요?

2. 종민이가 쉬는 시간에 화장실 가기가 싫어졌던 이유는 무엇일까요?

3. "종민아, 네가 참아."라고 다정하게 말해 준 친구는 누구인가요?

4. 점심 시간에 큰 덩치 아이가 커피 병에 짜장을 담아 온 것을 놀렸을 때 종민이는 어떻게 말하였나요?

7. 짜장 짬뽕 탕수육

1 '놀리는 건 싫어!'

"거지래요, 거지래요."
"종민이 거지, 얼마 줄까?"

😊 왕거지 놀이로 거지라고 놀리는 덩치 큰 아이와 다른 친구들에게 종민이가 되어 충고하는 말을 적어 보세요.

....
....
....

2 '종민이의 마음'

"종민아, 탕수육이 그렇게 비싸냐?"라고 큰 덩치가 묻자
"그럼, 맛도 좋지. 특히, 우리 아빠가 만드신 건."

😊 위의 대화에서 짐작할 수 있는 종민이의 마음이 무엇인지 써 보세요.

....
....
....

1 학교에서 생활하면서 자기도 모르게 친구의 마음을 아프게 하는 말들을 거침없이 하는 경우가 많습니다. 약한 친구를 놀리거나 괴롭히는 행동을 한 적이 있거나 주위에서 본 경험을 기억하며 반성하는 마음을 적어 보세요.

2 이 책이 연극이나 영화로 만들어진다면 나는 누구의 역할을 하고 싶은가요? 왜 그런지 이유도 적어 보세요.

- 하고 싶은 역할 ➡
- 이유 ➡

3 '짜장 짬뽕 탕수육'을 읽고 이어지는 뒷이야기를 꾸며 보세요.

글숲 여행을 마치며

🧭 글을 시작할 때와 끝날 때 주인공(종민이)의 이야기는 어떻게 달라졌는지 그림과 글로 나의 생각을 나타내 보세요.

①글을 시작할 때 주인공과 주변 모습 그리기	②글이 끝날 때 주인공과 주변 모습 그리기
그림을 글로 나타내기	그림을 글로 나타내기

8 걱정 마

 그림을 보고 나타낼 수 있는 의성어나 의태어를 모두 적어 보세요.

● 의성어(소리를 흉내 내는 낱말)

● 의태어(모양이나 움직임을 흉내 내는 낱말)

2 위의 그림은 어떤 장면인가요?

3 그림을 보고 느낌이나 생각을 적어 보세요.

구연동화를
QR로 확인하세요.

시를 읽고 떠오르는 장면이나 분위기를 생각하며 '걱정 마'를 읽어 봅시다.

걱정 마

정진숙

얼굴이 까만
나영이 엄마는
필리핀 사람이고

알림장도 읽지 못하는
준희 엄마는
베트남에서 왔고

김치 못 먹어 쩔쩔매는
영호 아저씨 각시는
각시 : '아내'를 달리 이르는 말
몽골에서 시집와

길에서 마주쳐도
시장에서 만나도
말이 안 통해
그냥 웃고만 지나간다.

이러다가
우리 동네 사람들 속에
어울리지 못하면 어쩌지?

그래도 할머닌
걱정 말래.

아카시나무도
달맞이꽃도
달맞이꽃: 바늘꽃과의 두해살이풀. 높이는 60~100cm이며, 잎은 어긋나고 길쭉한 피침 모양인데 가장자리에 톱니가 있는 식물
개망초도
개망초: 국화과의 두해살이풀. 높이는 30~100cm이며, 잎은 어긋나고 피침(披針) 모양 또는 타원형인 식물
다 다른
먼 곳에서 왔지만
해마다 어울려 꽃피운다고.

1. 위 시는 몇 연 몇 행으로 되어 있나요?

2. 지은이 동네에는 어떤 나라 사람들이 살고 있나요?

3. 지은이의 걱정거리는 무엇인가요?

4. 걱정하는 지은이에게 할머니는 뭐라고 말씀하셨나요?

5. 시를 읽고 어떤 생각이 드나요?

6. 나의 이웃에 외국인 친구가 살고 있다면 어떤 말과 행동들이 서로 친구가 되는데 도움을 줄 수 있을까요?

- 한국어를 가르쳐 주고 공부 도와주기
-
-

1. '필리핀에서 온 나영이 엄마'

"나는 필리핀에서 왔어요. 한국은 필리핀보다 살기 좋은 곳이에요. 하지만 가끔 불편할 때가 있어요."

😊 나영이 엄마가 되어 불편한 점이 무엇인지 적어 보세요.

....
....
....

2. '외국인을 위한 할머니의 부탁 말씀'

"우리 동네에는 외국 사람들이 많이 살고 있어. 모두 잘 어울려 지내고 있지만, 우리들이 도와주어야 할 일도 많이 있단다."

😊 할머니는 동네 사람들에게 외국인이 잘 적응할 수 있도록 어떤 부탁의 말을 할지 적어 보세요.

....
....
....

○ 제목은 그대로 두고 낱말만 부분적으로 고쳐서 '시 바꾸어 쓰기'를 해 보세요.

걱정 마	시 바꾸어 쓰기
얼굴이 까만 나영이 엄마는 필리핀 사람이고 알림장도 읽지 못하는 준희 엄마는 베트남에서 왔고 김치 못 먹어 쩔쩔매는 영호 아저씨 각시는 몽골에서 시집와 길에서 마주쳐도 시장에서 만나도 말이 안 통해 그냥 웃고만 지나간다. 이러다가 우리 동네 사람들 속에 어울리지 못하면 어쩌지? 그래도 할머닌 걱정 말래. 아카시나무도 달맞이꽃도 개망초도 다 다른 먼 곳에서 왔지만 해마다 어울려 꽃피운다고	

글숲 여행을 마치며

우리 나라에는 중국, 인도네시아, 필리핀, 베트남, 방글라데시 등 세계 100여 개 국가 사람들이 살고 있습니다. 다음의 말들은 우리 나라에서 사는 외국인 친구들이 가장 가슴 아프게 들었다는 말을 모은 것입니다.

나와 피부색이 다른 친구에게 어떻게 대하는 것이 좋을지 주장하는 글을 써 보세요.

- 너희 나라에 냉장고 있어? 너희 나라에 차 있어?
- 이상한 냄새가 나.
- 얼굴이 까만 걸 보니 아프리카 깜둥이구나.
- 말투가 이상해, 네 옆에 앉기 싫어.
- 동남아시아는 다 못사는 나라야.
- 거지 같이 왜 우리나라에 왔어? 너희 나라로 가.
- 몽골은 옛날에 우리나라를 침략한 나쁜 나라야.

제목 : 다른 문화권의 사람을 존중하는 마음을 갖자.

풍속화의 대가 김홍도

 1 미술관이나 박물관을 견학 한 경험을 적어 보세요.

- 언제 :
- 누구와 :
- 어디로 :
- 무엇을 보았나요? :
- 견학 후 느낀 점 :

2 풍속화와 민화의 설명입니다. 서로 관련 있는 것을 찾아 줄을 그어 보세요.

① 풍속화 ●　　　● (가) 우리 조상들의 자연숭배와 장수, 부귀, 다남 등 우리가 살아가는 데 필요한 욕구를 내면적으로 표현한 작품

② 민화 ●　　　● (나) 사계절의 민속놀이나 농사짓는 모습을 많이 담고 있으며, 그 당시의 모습을 그대로 보여주는 작품

3 미술관이나 박물관을 견학할 때 바람직한 관람 태도를 적어 보세요.

구연동화를 QR로 확인하세요.

옛사람들의 생활이 어떠했는지 생각하며 '풍속화의 대가 김홍도'를 읽어 봅시다.

풍속화의 대가 김홍도

김홍도는 1745년 영조 21년 가난하고 평범한 가정에서 태어났습니다. 어려서부터 홍도는 그림에 대해 남다른 소질을 지니고 있었습니다.

홍도는 틈만 나면 산과 들로 나가 아름다운 풍경을 구경하고는 했습니다. 푸르름에 싸인 산봉우리, 골짜기를 흐르는 수정같이 맑은 물, 나무와 풀을 비춰주는 따뜻한 햇살, 모두 아름다운 것들뿐이었습니다.

홍도는 그런 아름다운 광경을 영원히 남기고 싶었습니다.

들녘에서 등을 구부리고 이삭을 줍는 사람들, 콧노래를 흥얼거리며 소를 몰고 가는 목동, 시장통에서 물건을 파는 사람들, 모두모두 그림으로 옮기고 싶었습니다.

이삭: 벼, 보리 따위 곡식에서, 꽃이 피고 꽃대의 끝에 열매가 더부룩하게 많이 열리는 부분
들녘: 논이나 밭으로 되어 있는 들이 넓게 펼쳐져 있는 지역

그 중에서도 어린 홍도의 마음을 온통 빼앗은 것은 평화로운 세상과 순수하고 여유로운 시골 사람들의 모습이었습니다.

'아, 이렇게 아름다운 풍경을 내 손으로 그려낼 수 있다면…….'

홍도는 넋을 잃은 듯 그 풍경을 바라보고는 했습니다.

넋: 정신이나 마음

어느 날 홍도는 한 폭의 그림을 그렸습니다.

지나가던 동네 어른이 그 그림을 우연히 보게 되었습니다.

"아니, 홍도야. 이걸 정말로 네 손으로 그렸단 말이냐?"

"예."

홍도는 부끄러워서 머리를 긁적였습니다.

"잘하면 우리 동네에서 천재 화가가 나겠구먼."

"정말이세요?"

홍도는 기뻐서 눈을 빛내며 물었습니다.

"그래. 나는 여지껏 너처럼 그림 잘 그리는 사람을 못 보았다."

홍도는 너무도 기뻐 비명이라도 지르고 싶은 심정이었습니다.

날이 갈수록 그림에 대한 홍도의 열정은 커져 가서, 그는 보다 깊이 있게 그림 공부를 하고 싶었습니다.

"어린 것이 저토록 그림을 공부하고 싶어하는데 형편이 이래서……."

부모님도 홍도의 그림 공부를 뒷바라지 해 주고 싶었지만, 가난한 살림살이로는 어림도 없었습니다.

살림살이 : 숟가락, 밥그릇, 이불 따위의 집안에서 주로 쓰는 물건
뒷바라지 : 뒤에서 보살피며 도와주는 일

"염려마세요. 혼자서라도 열심히 그림을 공부하면 되니까요."

부모님의 심정을 헤아린 홍도는 부모님을 안심시켜 드리기 위해 그렇게 말씀드렸습니다.

그날부터 홍도는 좋은 그림을 지니고 있다는 집 대문을 두드렸습니다.

"어르신께서 좋은 그림 작품을 지니고 계시다기에 이렇게 찾아왔습니다. 제가 볼 수 있도록 허락해 주십시오."

"허허! 그림에 대한 욕심이 많구나. 좋다. 그렇게 하려므나!"

찾아간 집 주인들은 마다하지 않고 홍도를 도와주었습니다.

그림 앞에 선 홍도는 제대로 숨도 쉬지 않고 작품을 살폈습니다. 어느 한 부분도 놓칠까 봐 잔뜩 긴장을 했으니까요.

이름난 화가의 그림만 보지는 않았습니다. 이름도 없고 유명하지도 않은 화가의 그림도 눈여겨보았습니다.

선, 여백, 색상 등 세밀한 부분까지 자세히 관찰하느라 한 작품 앞에서 하루해가 모자랄 때도 있었습니다.

여백 : 종이 따위에, 글씨를 쓰거나 그림을 그리고 남은 빈 자리

그렇게 살핀 후에도 여러 작품들의 차이에 대해 곰곰이 따져 보았습니다.

어느 날 문득, 홍도는 지금까지 관찰한 그림들이 공통점을 지니고 있다는 것을 알았습니다.

모두 비슷한 모양의 산과 시냇물, 그리고 같은 모양새의 사람들만 그려

놓은 것들 뿐이었습니다.

　그림을 그리는 방법에 있어서도 멀고 가까움의 차이가 명확하지 않았습니다. 어떤 그림 속의 풍경들은 하나같이 멀리 있는가 하면 어떤 그림 속의 사물들은 모두 다 손이 닿을 정도에 위치해 있었습니다.

　뿐만 아니라, 그림 속에 그려진 인물들은 한결같이 화려한 옷을 입고 권세가 당당한 사람들이 지을 수 있는 표정을 하고 있었습니다.

권세 : 돈과 세력이 있는 것

　"아름다운 모습이나 돈 많은 사람들을 그린 그림만 좋은 그림이라고 할 수 없어."

　홍도는 그렇게 생각했습니다. 초라하더라도 그 속에서 풍겨 나오는 따뜻함이 더 아름다운 것이라고 말입니다. 또한 돈 많고 권세 높은 양반보다 하루하루 힘겹게 살지만 용기와 희망을 잃지 않는 다정한 이웃들의 모습이 더 아름다울 것입니다.

　'왜 지금까지의 그림 속 사람들은 하나같이 양반뿐일까?'

　홍도는 시골 백성들의 티 없이 순박한 모습을 생생하게 그려내고 싶었습니다.

　'그들이야말로 얼마나 참된 인간인가?'

　그러던 어느 날, 김홍도에게도 뜻하지 않던 스승이 나타났습니다.

　화가로 이름을 떨치고 있던 김응환이란 분이었습니다.

　"자네가 김홍도인가?"

　사람을 시켜 홍도를 집으로 불러들인 김응환은 자상하게 물었습니다.

　"자네의 그림을 보니 다른 사람 것과는 많이 다르더구만. 대부분의 화가가 양반을 즐겨 그리는데, 자네는 촌백성에게 관심이 더 많더구만. 그

촌백성 : 시골에 사는 백성

거야 자네 나름의 판단이니 가타부타할 수 없는 노릇이고 이렇게 자네를

가타부타 : 어떤 일에 대하여 옳다느니 그르다느니 하는 것

부른 것은 무엇보다 자네의 그림엔 천재적인 소질이 엿보여서라네. 내 장담하건대, 자네는 장차 이 나라의 뛰어난 화가가 될 걸세!"

장담 : 확신을 가지고 아주 자신 있게 말함

　이렇게 하여 홍도는 스승 김응환 밑에서 본격적으로 그림 공부를 하기

시작했습니다.

김홍도의 재능은 하루가 다르게 발전해 갔습니다. 나날이 발전해 가는 김홍도의 그림 솜씨에 스승 김응환은 몹시 흡족했습니다.

하루는 친구들을 모아 두고 제자의 솜씨를 자랑하기도 하였습니다.

"어떤가? 홍도의 그림이."

"어허, 내가 보기엔 홍도가 스승인 자네의 경지를 이미 넘어선 듯하네. 자네야말로 복 받은 스승이구먼! 그렇지 않은가?"

경지 : 몸이나 마음, 기술 따위가 어떤 단계에 도달해 있는 상태

모두들 김홍도의 그림을 보고 칭찬을 아끼지 않았습니다.

김홍도의 그림 솜씨는 스승의 자랑으로 더욱 멀리 퍼져 나갔습니다.

김홍도의 그림 솜씨는 왕궁에까지 전해졌습니다.

드디어 1771년 영조 사십칠 년에 김홍도는 궁궐로 들어가 왕세손(뒤에 정조 대왕)을 그리게 되었습니다.

대궐 안 왕족이나 신하들, 그리고 궁녀들까지도 어린 화가 김홍도를 호기심 가득한 눈으로 바라보았습니다.

마마 : 예전에, 존대의 뜻으로 임금과 그 가족들의 칭호 뒤에 쓰이던 말

"과연 태자 마마의 초상을 저 어린 소년이 그려낼 수 있을까?"

태자 : 임금의 자리를 이을 임금의 아들

"그야 두고 봐야지. 한 가지 분명한 건 쉽게 그리긴 어려울 거야."

그러나 이게 웬일입니까. 붓을 든 김홍도는 한달음에 그림을 그려나가는 것이었습니다. 마치 물이 흐르듯 거침없이 붓이 움직였습니다.

한달음 : 중간에 쉬지 아니하고 한 번에 달려감

김홍도는 역시 천재였습니다. 소문대로 한 줄, 한 점도 소홀히 하거나 어긋남이 없었습니다. 휙휙 붓을 놀리는가 하면, 때로는 부드럽게 뻗어 내렸습니다. 정성을 가다듬어 내려 긋고 찍는 모습을 보고 모두들 입을 다물지 못했습니다.

"붓 움직이는 게 마치 용이 꿈틀거리는 것 같군."

이윽고 태자의 초상화가 완성되었습니다.

초상화 : 사람의 얼굴을 중심으로 그린 그림

태자의 초상화를 받아 든 영조 임금은 흐뭇한 미소를 머금고 고개를 끄덕였습니다.

"훌륭한 솜씨로구나!"

나이가 좀 더 들자 김홍도는 정식으로 화원이 되어 그림을 공부하게 되었습니다.

그즈음 뛰어난 미술비평가로 이름난 강표암이란 인물은 어린 김홍도를 위하여 알맞은 제목을 붙여주기도 하였고 단원이란 호를 화폭에 직접 써 주기도 하였습니다.

화폭 : 그림을 그려 놓은 천이나 종이의 조각
신선 : 도(道)를 닦아서 현실의 인간 세계를 떠나 자연과 벗하며 산다는 상상의 사람. 세속적인 상식에 구애되지 않고, 고통이나 질병도 없으며 죽지 않는다고 한다

이 시절 김홍도는 신선들의 여유로운 모습을 담아내는 데 관심을 기울였습니다. 세상에 때 묻지 않은 높고 맑은 마음씨를 가진 신선을 그린다는 사실이 김홍도에게는 여간 즐거운 것이 아니었습니다. 예로부터 신선을 제대로 그리기 위해서는 그린 이의 마음 또한 신선처럼 고상해져야 한다는 말이 있습니다. 김홍도는 천성적으로 맑고 귀한 품성을 지녔기에 신선의 모습을 누구보다 잘 그려낼 수 있었습니다. 특히 신선이 피리를 부는 모습을 그린 〈선동취적도〉는 당대의 대가들마저 깜짝 놀라게 할 만큼 훌륭했습니다.

고상하다 : 품위나 몸가짐의 수준이 높고 훌륭하다
품성 : 타고난 성격

김홍도가 스무 살 무렵의 일이었습니다. 이즈음 일찍이 그가 초상화를 그렸던 왕세손(정조)은 어느덧 할아버지 영조의 뒤를 이어 임금의 자리에 올라 있었습니다. 그러던 어느 해 정조는 김홍도를 다시 대궐로 불러들였습니다. 이번에는 임금이 된 자기 얼굴을 직접 그리도록 하기 위해서였습니다. 그러나 이번에는 김홍도 혼자만이 아니었습니다.

왕세손 : 왕세자의 맏아들

당시 이름을 떨치고 있던 나이 지긋한 김윤복과 신한평이라는 화가들과 같이 대궐로 불려 들어간 것입니다. 물론 이 나이 지긋한 화가들은 김홍도에 비하자면 굉장한 선배들이었습니다.

임금은 세 사람을 불러 모은 뒤, 우선 자신의 얼굴을 한 폭씩 그려 보라고 하였습니다. 이 그림을 심사하여 가장 잘 그린 사람을 선발해 진짜 초상화를 맡기겠다는 생각이었습니다. 말하자면 김홍도는 대 선배들의 경쟁자로 나선 셈이었습니다.

세 사람은 정성을 들여 각각 한 폭씩의 임금님 얼굴을 그렸습니다.

9. 풍속화의 대가 김홍도

드디어 9월 초하루, 임금의 초상을 그릴 화가를 발표하는 날이 되었습니다. 임금의 초상을 그린다는 사실은 화가로서 크나큰 영광이 아닐 수 없었습니다.

"누가 뽑힐까?"

주위 사람들의 관심 또한 대단했습니다.

"그야, 하늘만 알고 있는 일이지. 김홍도가 뽑힐 것 같지는 않네."

"내 생각도 그렇다네."

드디어 9월 3일.

"단원 김홍도가 어용을 그리게 되었소."

어용 : 왕의 초상화

그 말에 놀라지 않은 사람은 아무도 없었습니다. 특히 신한평과 김윤복 두 사람은 벌어진 입을 다물지 못했습니다. 애송이 김홍도가 어용을 그리게 되리라고는 꿈에도 생각하지 못했기 때문입니다.

애송이 : 어려 보이는 사람이나 물건

이렇게 해서 다시 김홍도는 정조의 초상을 그리게 되었습니다.

김홍도는 자신의 재능을 다 쏟아 부어 16일 만에 정조의 초상화를 완성하였습니다.

"과연 그대의 재능은 신이 내린 것이로구나."

"황공하옵니다."

이렇게 뛰어난 그림 솜씨에 감탄한 정조는 그에게 현감 벼슬을 주어 그 재주를 기렸습니다.

현감 : 조선 시대에 둔, 작은 현(縣)의 수령

마음이 바르고 세상 사람들처럼 돈과 권세를 탐내지 않았던 김홍도의 생활은 가난하기 짝이 없었습니다.

일생 동안 늘 그랬지만 그의 집안은 너무나 가난하여 아침 저녁으로 끼니를 잇기도 어려울 정도였습니다.

하루는 길을 가다 매화를 심은 화분 하나를 보게 되었습니다.

"오! 이 추위를 이기고 피어난 품새가 고상하기 이를 데 없구나! 여보시오. 이 매화 화분을 얼마에 넘기려오?"

품새 : 행동이나 말씨에서 드러나는 태도 상태

9. 풍속화의 대가 김홍도

"선비님, 매화 보는 안목이 높으십니다. 단돈 2천 냥만 내십시오."
안목 : 물건이나 사람 됨됨이를 잘 헤아리는 눈

그러나 그에게 돈이 있을 턱이 없습니다. 그 매화 화분을 꼭 갖고 싶었던 김홍도는 군침만 삼킬 수밖에 없었습니다.

어쩔 수 없이 김홍도는 그 길로 아끼던 그림 한 점을 팔았습니다. 그리고 그림 값으로 3천 냥을 받았습니다.

"이걸로 매화를 살 수 있게 되었어."

김홍도는 그 길로 달려가 매화를 샀습니다.

매화를 산 후 가까운 친구들을 모조리 불러 모았습니다.

"이 아름다운 매화를 감상하라고 불렀네."
감상 : 음악, 미술, 영화 같은 예술 작품을 즐기는 것

김홍도는 찾아온 벗들에게 술상을 대접했습니다. 술과 안주 값으로 나머지 천 냥은 금방 사라져 버렸습니다. 집에는 쌀 한 톨 없었지만 아깝다는 생각은 조금도 하지 않았습니다.

이렇듯 그의 인품은 그림을 통하여 자연스럽게 나타났습니다. 그의 많은
인품 : 사람의 됨됨이
작품들은 여유있고 높은 기상으로 가득 차 있습니다.
기상 : 씩씩하고 드높은 정신

천재적인 그림 솜씨로 일세를 풍미한 김홍도! 그런 그는 어느 날 세상을 뒤로 하고 어딘가로 훌쩍 떠나갔습니다.

많은 세상 사람들이 자신의 이름을 후세에 남기고 싶어 한 것에 비해 김홍도는 그런 것에도 집착하지 않았습니다.

그래서 그가 언제 어디서 어떻게 생을 마감했는지 아는 사람은 아무도 없습니다.
고매한 : 됨됨이, 마음씨, 학식 같은 것이 아주 높고 훌륭한

다만 김홍도의 작품이 아직까지 남아 그의 뛰어난 예술혼과 고매한 인품을 짐작케 하고 있습니다.
예술혼 : 예술을 소중히 여기는 예술가의 정신

1 김홍도가 여러 가지 아름다운 광경 중에서 가장 그리고 싶었던 모습은 무엇이었나요?

2 김홍도가 관찰한 그림 작품들은 어떤 공통점을 지니고 있었나요?

3 김홍도에게는 도움을 준 두 명의 스승이 있었습니다. 글에서 나오는 두 명의 스승이 홍도에게 해 준 일을 적어 보세요.

(1) 김응환 :

(2) 강표암 :

4 정조 임금이 당시 이름을 떨치고 있던 김윤복과 신한평, 그리고 어린 김홍도를 대궐로 불러들인 까닭은 무엇인가요?

1. '스승님, 감사합니다.'

> "내가 그림으로 성공할 수 있었던 이유는 훌륭하신 김응환 스승님을 만나 지도를 받았기 때문이야."

김홍도가 되어 나의 그림 솜씨에 칭찬을 아끼지 않으시고 궁궐에 들어가 실력을 발휘할 수 있도록 도와주신 스승님께 진심으로 감사하는 마음을 전해 보세요.

....
....
....

2. '인재를 알아보는 정조 임금'

> "김홍도는 나의 초상화를 두 번씩이나 그린 대단한 인재요. 우리 조선에도 김홍도처럼 그림 실력이 뛰어난 사람들이 많이 있을 것이오."

그림 실력이 뛰어난 사람들을 뽑아 예술 분야를 발전시킬 수 있는 방법을 신하들에게 말해 보세요.

....
....
....

1 김홍도는 조선 후기의 뛰어난 풍속 화가로 '천재 화가'라는 말을 들을 정도로 훌륭한 그림들을 많이 그렸어요. 한 방면에서 최고가 되려면 그 사람의 천재적인 재능과 또 무엇이 필요하다고 생각하나요?

2 옛 우리 화가들의 그림은 거의 자연의 모습이 담긴 산수화를 그렸지만 김홍도는 풍속화를 그렸어요. 그 이유는 무엇일까요?

3 당시 이름을 떨치고 있던 김윤복과 신한평이라는 화가는 어린 김홍도에게 임금의 초상을 그릴 수 있는 영광을 빼앗기고 말았어요. 두 분의 마음은 어떠했을까요?

글숲 여행을 마치며

1 '김홍도' 이야기는 우리 조상들의 미술작품에 담긴 아름다움과 신비로움을 바로 볼 수 있도록 도와주는 길잡이가 되었지요. 다음 내용을 생각하며 김홍도 이야기에 대한 보고서를 써 보세요.

김홍도 이야기에 대한 보고서

1. 중요한 등장인물	
2. 주인공 성격	
3. 주인공이 탐욕스러운 성격이었다면?	
4. 주인공의 중요한 업적	
5. 가장 인상 깊은 장면	
6. 나와 주인공을 비교하면	
7. 나의 다짐	

2 누구나 각자 서로 다른 꿈을 가지고 있습니다. 김홍도는 아름다운 그림을 그리기 위해서 많은 노력을 했어요. 나의 꿈을 생각해 보고, 이것을 이루기 위해 해야 할 일을 다섯 가지 써 보세요.

나의 꿈은:

「나의 다짐 – 꿈을 이루는 5계명」

1.

2.

3.

4.

5.

톰 아저씨의 오두막

1. 미국의 노예 제도에 대해 들어본 적이 있나요? 내가 알고 있는 내용을 적어 보세요. 만약 미국의 노예 제도에 대해 잘 모른다면 책이나 인터넷을 통해 조사해 봅시다.

2. 우리 주변에 힘이 없거나 소외된 사람들은 누가 있을까요? 우리가 도움을 주어야 할 사람들에 대해 생각해 보고, 나는 어떤 일을 실천할 수 있을지 적어 봅시다.

구연동화를
QR로 확인하세요.

인권이 무엇인지 알고 있나요? 사람들의 기본적인 권리를 인권이라고 말합니다. 인권의 의미를 생각하며 '톰 아저씨의 오두막'을 읽어 봅시다.

톰 아저씨의 오두막

노예들의 삶

19세기 중반까지만 해도 미국의 흑인 노예들은 사람대접을 못 받았어요. 주로 아프리카 등지에서 끌려온 흑인은 백인의 하인이 되거나 그들의 농장이나 공장에서 고되게 일하면서도 짐승 같은 대접을 받았지요. 흑인들을 때리는 것은 물론이고 물건처럼 사고파는 일도 흔했어요.

톰 아저씨의 오두막

오두막 : 사람이 겨우 들어가 살 정도로 작게 지은 막. 또는 작고 초라한 집

셸비 씨의 저택 뒤쪽으로 흑인 노예들의 집이 있었어요. 톰의 오두막도 그곳에 있었지요. 톰은 아내 클로와 세 아이와 함께 덩굴장미로 덮인 오두막에서 살았어요.

저택 : 규모가 아주 큰 집

톰은 학교에 다닌 적이 없어서 글자를 읽고 쓸 줄 몰랐어요. 셸비 씨의 아들 조지는 톰에게 글을 가르치는 선생님이었어요. 흑인 노예들은 저녁이면 성경책을 들고 톰의 오두막으로 모여들었어요. 그들은 이따금 그곳에 모여 기도를 하고 찬송가를 불렀어요.

그날 밤도 톰처럼 글을 읽을 줄 모르는 흑인 노예들을 위해 어린 조지가 성경책을 읽어주면 톰은 다른 흑인들에게 성경책의 내용을 설명해 주고 있었어요. 그 시각, 셸비 씨의 저택에서는 셸비 씨와 노예 상인 헤일리가 계약을 하고 있었어요.

"톰과 해리를 넘겨주기는 하네만 마음이 편치 않다네. 톰은 성실하고

정직하고 신앙심도 깊은 사람이라네. 부디 좋은 주인을 만날 수 있도록 신경 써 주게."

헤일리는 호탕하게 웃으며 염려 말라고 대답했지만 셸비 씨는 불안했어요. 헤일리는 돈만 밝히는 지독한 장사꾼이라는 사실을 이미 알고 있었거든요. 톰을 헤일리같은 노예 상인에게 팔고 싶은 생각은 조금도 없었지만 셸비 씨의 사업이 실패해서 셸비 씨의 집과 남은 노예까지 모두 빼앗길 상황이었어요.

장사꾼 : 장사하는 사람을 낮잡아 이르는 말
사업 : 회사나 가게 같은 것을 차려 돈을 버는 일

팔려가는 톰 아저씨

차가운 겨울비가 내리던 날, 톰의 오두막은 슬픔에 잠겼어요. 톰이 노예 상인에게 팔려 가는 날이었거든요. 톰과 가족들은 슬픔에 젖어 눈물을 흘리며 헤어질 수밖에 없었어요.

톰이 마차에 오르려 하자, 헤일리가 그의 발목에 족쇄를 채웠어요. 마음이 따뜻한 셸비 부인은 화가 나서 소리쳤어요.

족쇄 : 죄인의 발목에 채우던 쇠사슬

"톰은 도망치지 않아요! 족쇄를 풀어 줘요!"

그러나 헤일리는 족쇄를 풀어주지 않았어요.

족쇄를 찬 채 떠나던 톰은 자신에게 친절하게 글을 가르쳐주던 어린 조지를 만나게 되었어요. 조지는 톰의 목에 매달려 울음을 터뜨렸어요.

"안 돼요, 톰 아저씨!"

톰도 참았던 눈물이 왈칵 쏟아졌어요.

"도련님, 제가 없더라도 부디 훌륭한 사람이 되세요."

"엉엉! 내가 어른이 되면 꼭 아저씨를 찾으러 갈 거야. 그때까지 기다려 줘요."

조지는 주머니에서 금화에 구멍을 뚫어 만든 목걸이를 꺼냈어요. 그것을 톰의 목에 걸어 주며 말했어요.

금화 : 금으로 만든 돈

"내가 생각날 때마다 이 목걸이를 봐요. 이걸 보면 내가 아저씨를 찾으러 가겠다고 한 약속이 떠오를 거예요."

톰은 울며 매달리는 조지를 겨우 떼어 놓고 마차에 올랐답니다.

꼬마 천사 에바

헤일리는 톰을 끌고 미시시피 강에 도착했어요. 두 사람은 큰 배에 올라 탔어요. 헤일리도 이제는 톰이 착하다는 걸 알고 족쇄와 수갑을 풀어 주었어요. 톰은 그 배에서 꼬마 친구를 사귀었어요. 에바라는 여섯 살쯤 된 소녀인데, 에바는 아버지 세인트 클레어 씨와 한 친척과 함께 여행 중이었어요.

수갑: 죄인이나 피의자의 행동이 자유롭지 못하도록 양쪽 손목에 걸쳐서 채우는 도구

에바는 손뼉을 치며 즐거워하다가 불쑥 물었어요.

"그런데 톰 아저씨는 어디로 가는 거예요?"

"그건 저도 몰라요, 아가씨. 팔려 다니는 노예들은 주인이 나타날 때까지 끌려 다녀야 하거든요."

"그럼 내가 우리 아빠한테 말해서 아저씨를 사라고 할게요."

톰과 에바는 이렇게 큰 배 안에서 친한 사이가 되었어요. 그러던 어느 날 갑자기 배가 흔들리는 바람에 난간에 있던 에바가 그만 강으로 떨어지는 사고가 벌어졌어요. 톰은 뒤도 안 돌아보고 물속으로 뛰어들었어요. 수영을 잘했던 그는 에바를 구해 배 위로 올라왔어요.

클레어 씨는 온몸에서 물이 뚝뚝 떨어지는 톰에게 거듭 감사의 인사를 했어요. 그로부터 얼마 후 배가 뉴올리언스 부두에 도착하게 되자 클레어 씨는 헤일리에게 다가가 말했어요.

뉴올리언스: 미국 루이지애나주의 최대도시. 멕시코만과 미시시피 강을 끼고 있는 항구 도시

"당신의 노예를 내가 사겠소. 얼마면 되겠소?"

욕심 많은 헤일리는 톰을 비싼 값에 팔려고 칭찬을 늘어놓았어요. 클레어 씨가 지갑에서 돈을 꺼내 주자 헤일리는 돈을 세어 보더니 흡족한 얼굴로 계약서에 사인을 했어요.

계약서: 서로 어떤 일을 어떻게 하기로 말이나 글로 약속한 것을 적은 것

클레어 씨는 톰에게 다가가 말했어요.

"톰이라고 했지? 이제 자네 주인은 나일세. 우리 집 마부 일을 맡아주게."

마부: 말을 부려 마차나 수레를 모는 사람

10. 톰 아저씨의 오두막

"감사합니다. 열심히 일하겠습니다."

그러자 에바가 깜찍하게 끼어들었어요.

"톰 아저씨, 우리 아빠는 친절하니까 금세 친해질 거예요."

클레어 씨도 톰도 오랜만에 웃음을 터뜨렸어요.

사랑하는 사람들과의 이별

어느덧 2년이 흘렀어요. 톰은 성실하게 주인을 잘 모셔 클레어 씨의 사랑을 받았어요. 어느 날, 책상 앞에 앉은 톰이 펜으로 글자를 썼다가 자꾸만 지우는 것을 본 에바가 눈을 동그랗게 뜨고 물었어요.

"아저씨, 뭐 하는 거예요?"

"아, 아내에게 편지를 쓰려고요. 글자를 잘 몰라서 힘들어요."

톰은 얼굴을 붉혔어요.

"글자를 잘 몰라요? 그럼 내가 도와줄게요."

두 사람은 머리를 맞대고 의논하면서 편지를 썼어요. 그로부터 얼마 후 톰의 아내에게서 답장이 왔어요.

답장 : 편지에 답을 하는 편지

여보, 우리 가족은 모두 건강하게 잘 지내고 있어요. 아이들도 몰라보게 자랐답니다. 조지 도련님은 공부를 무척 잘해서 이 편지도 대신 써 주었어요.

참, 나는 가까운 도시에 돈을 벌러 다녀요. 빨리 돈을 벌어서 꼭 당신을 되찾을 거예요. 가족들 걱정은 하지 말고, 부디 건강하셔야 해요.

톰은 눈시울이 붉어졌어요. 그는 아내의 편지를 액자에 넣어 방에 걸어 놓고 생각날 때마다 들여다보았어요.

그해 여름, 클레어 씨 가족은 호숫가 별장으로 휴가를 떠났어요. 에바가 고집을 부려 톰도 함께 갔답니다. 톰과 에바는 호숫가에 앉아 이야기를 나누곤 했어요. 그러던 어느 날, 황금빛 저녁노을에 물든 호수의 물결을 가리키며 에바가 말했어요.

별장 : 살림을 하는 집 외에 경치 좋은 곳에 따로 지어 놓고 때때로 묵으면서 쉬는 집

"아저씨, 나는 저곳으로…… 저 불타는 구름 속으로…… 하늘나라로 떠나고 싶어요."

폐결핵 : 폐에 결핵균이 침입하여 생기는 만성 전염병. 처음에는 거의 증상이 없다가 병이 진행됨에 따라 기침·가래가 나오며 폐활량이 줄어들어 호흡 곤란이 나타난다

에바의 얼굴은 노을에 물들어 유난히 붉었어요. 톰은 문득 불길한 생각이 들었어요. 에바는 얼마 전부터 폐결핵을 앓고 있었거든요. 아무리 애를 써도 병은 좀처럼 낫지 않았어요. 사실 별장으로 휴가를 온 것도 에바의 병을 낫게 하는 데 조금이라도 도움이 될까 해서였어요.

불길한 : 운이 좋지 않은

하지만 많은 사람들의 걱정과 돌봄에도 불구하고 에바의 병세가 급격히 나빠지자 온 가족이 우울해졌어요. 의사는 어두운 표정으로 입을 열었어요.

병세 : 병의 상태

"최선을 다해 보겠지만 낫기 힘들 것 같습니다."

그 뒤로 에바는 방에서 지내는 날이 많아졌어요.

"엄마, 제 머리카락을 좀 잘라 주세요."

"갑자기 머리카락은 왜……."

"모두에게 나누어 주고 싶어서 그래요."

에바의 엄마는 가슴속에서 뜨거운 것이 울컥 치밀어 올랐어요. 그녀는 아무것도 묻지 않고 에바의 머리카락을 잘라 주었어요. 그날 저녁, 에바는 어린 흑인 노예인 톱시를 불러 머리카락을 주면서 말했어요.

"톱시, 내가 죽더라도 이 머리카락을 보며 나를 생각해 줘."

그로부터 며칠 뒤, 에바는 가족들이 지켜보는 가운데 하늘나라로 떠나고 말았어요. 클레어 씨 가족은 다시 저택으로 돌아왔어요. 클레어 씨는 슬픔을 이기지 못해 날마다 술을 마셨어요. 그러던 어느 날, 클레어 씨가 톰을 불렀어요.

"톰, 나는 자네를 해방시켜 주고 싶어. 지금 생각하면 자네는 나보다 더
에바를 아껴 주었어. 자네를 노예의 신분에서 풀어 주라는 에바의 말이
귓전에 들리는 것 같아."

해방 : 속박하거나 가두어 두었던 것을 풀어서 자유롭게 함

톰은 자신의 귀를 의심했어요.

"그게 정말입니까, 주인님?"

"정말이고말고. 서류가 갖추어지는 대로 자네는 자유의 몸이 될 걸세."

"감사합니다. 모두가 주인님과 에바 아가씨 덕분입니다. 하지만 주인님, 설령 자유의 몸이 된다고 해도 저는 당장 이곳을 떠나지는 않겠습니다."

"그건 왜? 가족들이 보고 싶어 얼른 달려가고 싶을 텐데……."

"주인님께서 아가씨를 잃은 슬픔에서 벗어날 때까지는 있겠습니다. 그것은 제 감사의 표시입니다."

"고맙네. 자네는 교육을 잘 받은 그 어떤 사람보다 훌륭하네."

톰이 물러가자 클레어 씨는 옷을 갈아입었어요. 시내로 나가서 술을 한 잔 마실 생각이었지요.

밤이 꽤 깊은 시각, 갑자기 왁자지껄한 소리가 들리더니 비명이 터져 나왔어요.

비명 : 일이 매우 위급하거나 몹시 두려움을 느낄 때 지르는 외마디 소리

"악! 여보……."

톰은 황급히 밖으로 달려갔어요. 클레어 씨가 피투성이가 된 채 마부의 부축을 받으며 들어왔어요. 술집에서 싸움을 말리다가 그만 칼에 찔리고

부축 : 겨드랑이를 붙잡아 걷는 것을 도움

말았던 거예요. 곧 의사가 달려왔지만, 그도 다른 방법이 없었어요. 클레어 씨는 가쁜 숨을 몰아쉬며 톰을 불렀어요.

"톰, 나는 사랑하는 에바 곁으로 갈 거야. 나를 위해 기도해 주게."

톰은 눈물을 흘리며 무릎을 꿇고 기도했어요. 클레어 씨는 톰의 기도 소리를 들으며 조용히 눈을 감았어요.

노예들의 운명

운명 : 인간을 포함한 모든 것을 지배하는 초인간적인 힘. 또는 그것에 의하여 이미 정하여져 있는 목숨이나 처지

클레어 씨의 죽음으로 톰의 운명은 완전히 달라졌어요. 돈이 필요했던 에바의 엄마가 집안 노예들을 모두 팔아 버렸거든요. 톰은 리그리라는 새 주인을 만났어요. 그는 클레어 씨와는 딴판으로 성질이 고약하고 욕심이 많았어요. 그는 톰과 에밀린이라는 예쁜 여자 노예를 사면서 즐거운 상상에 빠졌어요.

'남자는 농장 일꾼으로 쓰고, 여자는 노리개로 삼아야겠어.'

흑인 노예들의 생활은 말할 수 없이 비참했어요. 루시라는 여자 노예는 리그리에게 맞아 일을 할 수도 없을 지경이었어요. 가엾은 루시의 편을 들어주는 톰에게 그는 이렇게 말했어요.

"이봐, 톰! 낮에 루시를 도와주었다며? 난 앞으로 너에게 농장 감독을 맡길 생각이다. 그러니 이 기회에 연습해 두는 것도 좋겠지. 이 채찍으로 루시를 혼내 줘라."

채찍: 말이나 소 따위를 때려 모는 데에 쓰기 위하여, 가는 나무 막대나 댓가지 끝에 노끈이나 가죽 오리 따위를 달아 만든 물건

"주인님, 제발 그것만은……. 다른 것은 무엇이든 하겠습니다."

"노예 주제에 주인의 명령을 거역해? 루시를 때리지 않으면 대신 네놈이 맞아야 한다."

"차라리 저를 때려 주세요."

"소원이라면 그렇게 해 주지! 샘보, 이놈을 혼내 줘라."

샘보는 채찍으로 톰을 사정없이 때렸어요. 마음 착한 톰은 자신이 채찍에 맞아 고통을 당하더라도 다른 사람을 차마 때릴 순 없었어요.

해방된 노예들

탈출: 어떤 상황이나 구속 따위에서 빠져나옴

어느 날, 리그리의 악독한 행동에 지친 여자 노예 두 명이 이 농장에서 탈출하는 사건이 일어났어요. 그 이후부터 리그리는 톰을 더욱 괴롭혔어요.

악독한: 마음이 흉악하고 독한

"그것들이 도망치는 것을 네놈이 도왔지? 어디에 숨겼어?"

수 없이 채찍을 맞은 톰은 거의 죽어 가고 있었어요.

"너는 도망칠 계획을 미리 알고 있었어. 그렇지?"

리그리는 더욱 세게 채찍을 내려쳤어요. 톰은 피투성이가 되어 간신히 입을 열였어요.

"주인님은 저를 괴롭히지만 저는 주인님을 용서하겠어요. 주인님, 하느님께 부끄러운 일은 제발 하지 마세요."

리그리의 얼굴은 시뻘겋게 달아올랐어요.

"건방진 놈! 감히 주인을 가르치려고 해? 에잇, 죽어라!"

건방진 : 잘난 체하거나 남을 낮추어 보듯이 행동하는

리그리가 어찌나 잔인하게 때렸는지 샘보도 몸서리를 쳤어요. 그날 밤, 샘보가 톰을 찾아왔어요.

"톰, 나를 용서하게. 내가 얼마나 잘못했는지 이제 깨달았네."

"용서하고말고. 하느님은 누구든 용서하라고 하셨네. 샘보, 나를 위해 기도해 주게."

그로부터 이틀 후, 한 젊은 신사가 찾아와 톰의 소식을 물었어요. 신사는 바로 셀비 씨의 아들 조지였어요. 그는 아버지가 갑자기 병으로 죽자, 장례식을 치른 다음 뉴올리언스에 있는 클레어 씨의 집으로 톰을 찾으러 갔어요. 그러나 이미 팔려 갔다는 소식을 듣고 이리 달려온 것이지요.

신사 : 사람됨이나 몸가짐이 점잖고 교양이 있으며 예의 바른 남자

장례식 : 죽은 사람을 땅에 묻거나 불에 태우는 일(장례)을 지내는 의식

"톰이라는 노예가 있다던데요?"

"그런 노예가 있기는 하오만 왜 그러시오?"

"그 사람은 제 아버지와 같은 분입니다. 톰 아저씨를 찾을 수만 있다면 돈은 얼마든지 내겠어요."

리그리의 눈이 반짝 빛났어요.

"톰은 우리 집 창고에 있소. 가 보시오."

조지는 불안한 마음으로 창고로 달려갔어요. 그곳에 톰이 피투성이가 된 채 쓰러져 있었어요.

"톰 아저씨! 저예요. 조지가 왔어요!"

톰은 아무런 대답이 없었어요.

"조지가 아저씨를 찾으러 왔어요. 제발 눈 좀 뜨세요. 흑흑……."

그제야 톰이 겨우 눈을 떴어요.

"오, 조지 도련님…… 정말 약속을 지키셨군요."

"그래요. 그런데 이게 무슨 꼴이에요? 얼른 일어나 집으로 가요."
꼴 : 사람의 모양새나 행태를 낮잡아 이르는 말

"도련님, 저는 가망이 없습니다. 이제나마 도련님을 만났으니 행복하군
가망 : 될 만하거나 가능성이 있는 희망

10. 톰 아저씨의 오두막

요. 부디 제 가족을 잘 보살펴……."

그것이 끝이었어요. 톰은 말을 잇지 못하고 머리를 떨구었어요.

"아저씨, 조지가 왔는데……. 이제야 겨우 찾았는데……, 흑흑흑."

조지는 톰을 양지바른 곳에 묻어 주었어요. 집에 돌아온 조지는 노예들에게 말했어요.

양지바른: 땅이 볕을 잘 받게 되어 있는

"여러분, 나는 여러분을 해방시켜 줄 생각입니다. 이것은 여러분 각자가 자유의 몸이라는 걸 증명하는 서류입니다. 이걸 가지고 여러분 가고 싶은 곳으로 가십시오."

서류: 글자로 기록한 문서를 통틀어 이르는 말
증명: 어떤 사항이나 판단 따위에 대하여 그것이 진실인지 아닌지 증거를 들어서 밝힘

노예들은 한동안 웅성거리다가 천천히 입을 열었어요.

"도련님, 저희들은 갈 곳도 없습니다. 여기서 지내게 해 주세요."

조지는 고개를 끄덕거렸어요.

"그럼 좋습니다. 앞으로는 여러분이 일한 대가를 드리겠습니다. 그리고 이 서류를 하나씩 나누어 가지세요. 이것만 있으면 저에게 무슨 일이 생기더라도 여러분은 절대 팔려 가지 않을 겁니다."

대가: 일을 하고 그에 대한 값으로 받는 보수

"도련님, 감사합니다!"

"감사는 톰 아저씨에게 하십시오. 저는 톰 아저씨에게 노예들을 해방시켜 주겠다고 약속했습니다. 앞으로 살아가면서 자유의 소중함을 깨달았을 때 톰 아저씨를 생각해 주십시오. 제 부탁은 그것뿐입니다."

노예들은 서로 부둥켜안고 춤을 추며 만세를 불렀어요.

"조지 도련님 만세!"

"톰 아저씨 만세!"

조지의 눈에서 뜨거운 눈물이 흘러내렸어요.

1. 미국의 흑인 노예들은 사람대접을 못 받고 비참하게 살 수밖에 없었어요. 톰이 어떻게 사람대접을 못 받고 비참하게 살았는지 구체적으로 적어 보세요.

2. 톰의 주인이었던 인물들(셸비, 클레어, 리그리)의 말과 행동을 보고 그들의 성격을 비교해 보세요.

3. 조지는 톰과 두 번의 약속을 합니다. 어린 조지가 톰과 헤어질 때는 어떤 약속을 했는지, 톰이 죽어갈 때 어른이 된 조지는 또 어떤 약속을 했는지 적어 보세요.

1 '노예상인에게 팔려가는 톰'

셸비 씨의 사업 실패로 톰이 노예상인에게 팔려가는 날이 되었습니다. 톰의 오두막은 깊은 슬픔에 젖어 눈물을 흘리고 있네요.

차가운 겨울비가 내리는 날, 발에 족쇄를 차고 노예상인에게 팔려가는 톰이 되어 가족들에게 어떤 말을 해주고 싶은지 적어 보세요.

....

....

....

2 '억울한 누명을 쓰고 채찍질을 당하는 톰'

리그리의 악독한 행동에 지친 여자 노예들의 농장탈출사건이 일어나자, 리그리는 애꿎은 톰에게 누명을 씌워 죽도록 채찍질을 하며 괴롭히네요.

톰이 되어 자신에게 억울한 누명을 씌우고 괴롭히는 주인에게 어떤 말을 하고 싶은지 적어 보세요.

....

....

....

1 19세기에 넓은 땅을 개척하여 할 일이 많아진 미국인들은 아프리카 등지에서 흑인을 끌어다가 하인으로 부리거나 농장, 공장에서 고되게 일을 시켰어요. 자유와 정의 실현의 건국이념을 가진 미국이 노예제도를 둔 것에 대한 나의 의견을 적어 보세요.

2 흑인들에게 성경을 읽어주고 글을 가르쳐주던 조지는 어른이 되어 자신의 재산이나 다름없는 노예를 해방시켜줍니다. 내가 만일 조지의 아내라면 남편의 행동에 대해 어떤 말을 해주었을지 적어 봅시다.

10. 톰 아저씨의 오두막

글숲 여행을 마치며

우리가 살면서 당연히 누려야할 사람으로서의 권리에는 어떤 것들이 있을까요? 누군가에게 빼앗겨서는 안 되는 인권(人權)에는 어떤 것들이 있는지, 또 인권이 소중한 이유는 무엇인지 생각해 봅시다.

점자로 세상을 열다

 눈을 가리거나 입으로 이름을 써 보세요.

내 이름과 친구의 이름을 써 봐요!

눈을 가리고 써 봐요

내 이름

친구 이름

입에 연필을 물고 써 봐요

내 이름

친구 이름

 활동 후 어떤 생각이 들었나요?

구연동화를 QR로 확인하세요.

중요한 내용을 생각하며 '점자로 세상을 열다'를 읽어 봅시다.

점자로 세상을 열다

섬마을 소년

강화도에서 배를 타고 서쪽으로 가면 교동이라는 섬이 있습니다.

바로 그 섬에 달우물 마을이 있었어요. 1888년 고종 25년, 화개산 봄기운이 무르익기 시작하는 4월 어느 날, 박두성은 달우물 마을 가난한 농부의 맏아들로 태어났습니다.

맏아들: 둘 이상의 아들 가운데 맏이가 되는 아들

아버지가 '두현'이라는 이름을 지어 주셨지만, 잘못 적는 바람에 '두성'이라는 이름을 갖게 되었어요. 하지만 앞으로 이어질 박두성의 삶이 시각 장애인에게 북두칠성처럼 빛나는 별이 되리라는 것을 안 사람은 아무도 없었습니다.

북두칠성: 큰곰자리에서 국자 모양을 이루며 가장 뚜렷하게 보이는 일곱 개의 별

새벽같이 일어나 바쁜 부모님을 도와드린 두성은 어린 두 동생과 함께 서둘러 문을 나섰습니다. 서당에 가 글공부를 할 참이지요.

서당: 예전에 한문을 가르치던 곳

"두성아, 우리 집이 비록 지금은 사느라 힘이 들지만 대대로 글을 읽는 선비 집안이란다. 일이 힘들더라도 글공부를 게을리 해서는 안 되느니라."

선비: 예전에 공부를 많이 했으나 벼슬하지 않은 사람을 이르던 말

"아버지, 걱정 마세요. 저는 날마다 배우는 것이 재미있는걸요. 그리고 뒷밭에 거름 주는 일은 제가 이따가 와서 할 테니 놔두시고요."

아버지는 나이 어리지만 동생을 잘 보살피는 속 깊은 맏아들 두성이 여간 미덥지 않았습니다.

집으로 돌아오는 길에 두성은 따뜻한 봄기운에 이끌려 모처럼 화개산에 올라갔습니다. 산꼭대기에 올라 아래를 굽어보니 잔잔한 봄 바다 저편에 아기자기한 섬들이 겹겹이 보였습니다.

두성은 섬 이름을 하나하나 불러보았습니다.

'아, 나도 저 바다 너머 뭍으로 나가 넓은 세상을 한번 봤으면……'

암자의 소나무처럼 늘 푸른 모습으로

"이동휘 선생이 강화도에 학교를 세웠다는구려."

어느 날 저녁, 강화 장에 다녀온 두성이의 아버지가 부인에게 넌지시 말을 꺼냈습니다.

"서당에서 하는 한문 말고 신학문을 가르치는 학교라는군. 우리 애들을 거기 보냈으면 하는데, 당신 생각은 어떻소? 세상이 나날이 달라지는데 언제까지 공자 왈 맹자 왈만 하며 살 순 없지 않겠소?"

신학문 : 서양에서 들어온 새 학문을 재래의 한학(漢學)에 상대하여 이르는 말

두성은 어린 동생과 함께 보창학교 기숙사에 살면서 새로운 세상을 만났어요. 보창학교를 졸업하고 두성은 더는 작은 섬 마을에서 가만히 머물러 있을 수가 없다고 생각했어요.

'일본으로 가는 배를 타자. 일단 일본에 가기만 하면 무언가 일자리를 얻을 수 있을 거야. 그렇게만 된다면 내가 하고 싶은 공부도 맘껏 해 볼 수 있겠지.'

이렇게 마음을 먹은 두성은 일본으로 가는 배에 몸을 실었습니다. 오사카 가게에서 점원 노릇을 하며 일본 말도 배우고 기독교 신앙을 갖게 되었습니다.

오사카 : 일본의 긴키 지방 중부에 있는 도시
신앙 : 믿고 받드는 일

두성이 다시 집으로 돌아오자, 이동휘 선생은 총명한 두성이 자칫 배움의 기회를 놓칠까 봐 걱정이 되었습니다.

총명한 : 보거나 들은 것을 오래 기억하는 힘이 있는

"자네, 한성 사범학교에서 다시 공부를 해 보는 게 어떻겠나? 우리 민족의 장래는 뭐니 뭐니 해도 백성이 눈을 뜨게 하는 교육에 있네. 게다가 졸업하고 나서 교사가 될 수 있으니, 직업으로 생각해 봐도 좋을 걸세."

두성은 이렇게 하여 다시 공부를 하였습니다. 한성 사범학교를 졸업하여 어의동 보통학교에서 교사의 첫발을 내딛게 됩니다.

보통학교 : 일제 강점기, '초등학교'를 이르던 말

한글 점자 연구를 시작하다

"이 망할 메꾸라(눈먼 사람을 낮춰 부르는 일본 말)야, 눈이 멀었다고 손까지 삐뚤어졌느냐?"

점자 인쇄기에 정신없이 매달려 있던 박두성은 교무실 쪽에서 들려오는 소리를 듣고 깜짝 놀랐습니다.

'아니, 학생들을 가르치는 학교에서 '메꾸라'라는 말을 쓰다니……'

화가 치밀어 오른 박두성은 한달음에 교무실로 뛰어갔습니다. 맹아부 학생 하나가 일본인 교사에게 사정없이 얻어맞고 있었어요. 얘기를 들어 보니, 교무실에 심부름을 온 그 학생이 일본인 교사의 책상을 더듬다가 그만 잘못해서 잉크병을 엎질러 버리고 만 것입니다.

맹아 : 앞을 보지 못하는 사람과 말을 하지 못하는 사람을 아울러 이르는 말

가만히 지켜보던 박두성은 더 참을 수가 없었어요.

"당신 두 눈이 건강하다고 앞으로 눈을 잃지 않는다는 보장이 어디 있습니까? 학생들 눈을 밝히려 하기 전에 당신 마음의 눈부터 밝혀야겠소. 잉크를 쓰고 나면 뚜껑을 꼭 닫아 놓아야 한다는 것도 모릅니까?"

아무리 마음이 격해도 흥분하지 않고 결국 할 말을 다 하고야 마는 박두성을 보고, 일본인 교사는 새파랗게 질린 채 부르르 떨었습니다.

격해도 : 갑작스럽게 흥분을 해도

"그럼, 맹인교육 당신 혼자 다 하시오."

"좋소이다. 맹인을 가르치는 선생을 하면 체면이 깎일까봐 전전긍긍하는 당신 같은 사람들은 눈 뜬 아이들이나 가르치시오."

박두성의 가슴속에는 일본인에게 이런 차별과 모욕을 당할 때마다 나라 없는 백성의 울분이 쌓였습니다. 가장 답답한 것은 우리나라 말로 된 점자를 가르칠 수 없다는 것이었지요.

모욕 : 낮추어보고 부끄럽게 함

그런데 평양에서 제생원으로 유학 온 학생들이 있었습니다. 벌써 1896년쯤에 미국 선교사인 로제타 홀 여사가 세운 '평양여학교'에 시각 장애인을 위한 반이 있었고, 홀 여사는 미국의 뉴욕 점자를 가지고 한글 점자를 만들었습니다.

점자 : 손가락으로 더듬어 읽도록 만든 시각 장애인용 문자. 두꺼운 종이 위에 도드라진 점들을 일정한 방식으로 짜 모아 만든 것이다

박두성은 홀 여사가 만든 점자를 꼼꼼히 살펴보다가 몇 가지 문제점을 찾아냈습니다.

먼저, 자음과 모음은 그런대로 쓸 수 있었지만 받침을 표기하는 방법이 제대로 해결되지 않았고, 둘째는 네 점으로만 이루어져 있다 보니 낱말이 길어져 읽는 속도가 더뎠어요. 더구나 뉴욕 점자는 미국 일부에서만 쓰는 것이라 표준으로 삼기가 어려웠습니다.

조선어 점자 연구 위원회

"여보, 무얼 그렇게 골똘히 생각하세요?"

부인 김경내가 박두성을 보고 물었습니다.

"아무래도 안 되겠어. 받침으로 쓰는 자음을 첫소리 자음과 똑같이 쓰니 볼 수 없는 사람들은 어느 것이 받침인지 도무지 구분을 못 하는군. 시간이 걸리더라도 받침 문제를 해결할 수 있는 좋은 방법을 찾아봐야겠어."

이렇게 3.2식 점자의 가장 큰 문제는 받침으로 쓰는 자음을 알기 어렵다는 것이었습니다.

1923년 4월, 박두성은 제자인 유도윤, 이종덕 등 여덟 사람을 모아 비밀리에 '조선어 점자 연구회'를 만들었습니다. 세종대왕이 한글 창제를 할 때, 성삼문을 비롯해 여덟 학사들을 모아 '언문청'을 만든 것을 본떴지요.

제자 : 스승으로부터 가르침을 받거나 받은 사람
창제 : 전에 없던 것을 처음으로 만들거나 정하는 것

마침 그 해에는 박열이 일본 천왕을 암살하려다 잡힌 사건에다, 의열단인 김상옥이 종로경찰서에 폭탄을 던지고 자결한 사건까지 겹쳐 우리말 점자 연구 단체를 만드는 일이 결코 쉽지 않았어요.

의열단 : 1919년 11월에 중국 만주 지린성(吉林省)에서 만들어진 항일 무장 독립운동 단체
자결 : 정의에 어긋나는 것을 찾지 못하고 스스로 목숨을 끊음

세종대왕이 음운 연구를 하면서 성삼문을 명나라 한림 학사에게 열세 번이나 보냈다는 이야기를 듣자, 박두성은 좋은 생각이 떠올랐습니다. 맹아부 졸업생 가운데 일본으로 유학 간 노학우에게 세계 맹인의 아버지인 루이 브라이가 만든 점자 배열표를 연구하게 했어요.

음운 : 말의 뜻을 구별하여 주는 소리의 가장 작은 단위

프랑스에서 태어난 루이 브라이는 세 살 때 아버지의 마구를 가지고 놀다가 다쳐 눈이 멀었습니다. 브라이는 한 신부님의 도움으로 파리 왕립 맹학교에 입학한 뒤, 열다섯 살 때 그 시절 쓰던 돋을새김 글자를 고쳐 처음으로 6점 점자를 만들어 냈어요. 브라이가 만든 점자는 누구나 쉽게 배우고 쓸 수 있어서 오늘날 여러 나라 점자의 바탕이 되었습니다. 영어로 점자를 '브레일'이라고 하는 것도 브라이 이름을 딴 것입니다.

마구 : 말을 타거나 부리는 데 쓰는 기구
돋을새김 : 조각에서, 평평한 면에 글자나 그림 따위를 도드라지게 새기는

물론 브라이가 만든 점자는 알파벳을 바탕으로 만든 것이어서 이를 한글 점자에다 적용하기는 어려웠습니다. 하지만 박두성은 루이 브라이의 6점 배열을 한글 점자에도 응용할 수 있다는 확신을 가졌어요.

먼저 가로로 두 점식, 세로로 세 줄, 모두 여섯 점을 가지고 서로 겹치지 않도록 변화할 수 있는 방법을 수학으로 계산했어요. 그랬더니 한 점을 쓰는 경우에서 여섯 점을 모두를 다 쓰는 경우까지, 모두 예순세 가지 점자를 만들 수 있었습니다. 이제 남은 일은 이 점자를 우리 한글 원리에 맞게 잘 배치하는 일이었어요.

그러나 제자들과 함께 밤낮을 가리지 않고 연구에 몰두하던 박두성은 그만 심한 눈병에 걸리고 말았습니다. 손끝으로 만져야 겨우 알 수 있는 깨알 같은 점자를 들여다보며 읽고 다시 점자를 옮기느라 자신의 눈을 너무 돌보지 않았기 때문입니다. 흐릿하던 박두성의 눈은 겨우 낫기는 했지만, 눈동자는 그만 회색으로 바뀌어 버리고 말았습니다.

훈맹정음, 마침내 세상의 빛을 보다

박두성은 눈병으로 멈추었던 한글 점자 연구를 다시 시작했습니다. 박두성은 주로 두 점으로 첫소리 자음과 받침 글자를 만들고, 모음은 모두 세 점으로 만들었습니다. 소리가 나지 않는 첫소리 ㅇ은 빼고, 문장에서 많이 쓰이는 글자(가, 을, 은, 의, 에, 애, 예, 와, 워)들을 따로 떼어 간단한 약자를 만들었습니다.

약자 : 복잡한 글자의 점이나 획 따위의 일부를 생략하여 간략하게 한 글자

1926년 8월, 마침내 맹인들을 위한 점자인 '훈맹정음'이 세상에 나왔습니다. '눈먼 사람들을 가르치는 바른 소리'라는 뜻이지요. 처음 3.2점식 점자를 연구한 지 6년 여 만의 일이었습니다.

　"선생님, 이제 저희도 눈을 뜨게 되었습니다. 무엇이든지 다 읽고 공부할 수 있게 되었어요."

총독부 : 일제가 1910년에서부터 1945년까지 36년간에 걸쳐 우리나라에 두고 통치하던 기관

　이제 이 한글 점자를 학생들에게 가르치기 위해서는 총독부의 허락을 받아야 했습니다. 그런데 그 해 여름, 조선의 마지막 황제인 순종의 장례식을 맞아 '6·10 만세 운동'이 일어났습니다.

11. 점자로 세상을 열다

"이런 뒤숭숭한 시국에 선생님께서 만드신 훈맹정음을 총독부에서 받아들여 줄지 참 걱정입니다."

박두성과 제자들은 무겁게 가라앉은 표정으로 이런저런 이야기를 나누었습니다.

"그래도 해 봐야지. 이 점자를 한시바삐 우리 맹인들이 쓰게 하려면 이 방법밖에는 없네. 내가 사이토 총독에게 진정서를 써 보겠네."

박두성은 깊은 생각 끝에 펜을 들었습니다.

눈이 보이지 않으면 마음이 닫히고 세상도 닫히고 맙니다.

맹인들이 쓸 수 있는 점자가 없어서 그들 마음의 눈을 밝히지 못하면 실명이라는 첫째 장애에다 둘째, 셋째 또 다른 장애가 깊어집니다.

실명 : 시력을 잃어 앞을 못 보게 됨
열등감 : 자기를 남보다 못한 것으로 낮추어 평가하는 감정
정서 : 사람의 마음에 일어나는 여러 가지 감정

그리하여 마침내는 정서가 불안해지고 열등감이 생겨 다른 사람들과 함께 살아갈 수 없는 심각한 정신적인 문제를 낳게 되고 맙니다. 그 모든 장애에서 이들을 구해 주는 길은 오직 글을 가르쳐 정서를 순화하는 길밖에 없습니다. 그러므로 조선 맹인들의 점자인 훈맹정음을 가르칠 수 있도록 반드시 승인해 주시기 바랍니다.

간곡한 편지 덕분에 한글 점자는 결국 총독부의 승인을 얻었습니다.

승인 : 어떤 사실을 마땅하다고 인정함

1926년은 훈민정음 반포 480주년이 되는 뜻 깊은 해였습니다. 그 해 11월 4일, 박두성과 제자들은 '훈맹정음제정 축하 기념식'을 준비했습니다. 그러나 총독부의 시끄러운 간섭을 피해 제자 이종화 집에서 조촐한 축하회를 여는 것으로 대신했습니다. 그 뒤 1935년에는 비록 일제 강점기였지만 시각 장애인도 한글 점자로 투표를 할 수 있게 되었고, 해방 뒤 교육법이 국회를 통과함으로써 훈맹정음은 시각 장애인을 위한 공식 문자로 인정을 받았습니다.

조촐 : 요란하지 않고 간단함
공식 : 국가적이나 사회적으로 인정된 공적인 방식

1 박두성의 아버지가 처음 지어준 이름은 무엇이며 왜 박두성이라는 이름을 사용하게 되었나요?

2 맹아부 학생이 일본인 교사에게 사정없이 얻어맞고 있었던 이유는 무엇인가요?

3 박두성이 만든 점자의 이름과 그 의미는 무엇인가요?

4 박두성과 제자들이 '훈맹정음제정 축가 기념식'을 제자 이종화 집에서 조촐하게 한 이유는 무엇인가요?

5 사이또 총독에게 보낸 진정서 내용을 간단하게 요약해 보세요.

1 '마음이 아프고 속상한 맹아부 학생'

"맹아부 학생이 눈이 보이지 않아 실수로 잉크병을 엎질렀어. 일본 교사에게 맞은 맹아부 학생은 얼마나 마음이 아프고 속상했을까?"

😊 박두성의 입장이 되어 시각 장애인을 도와줄 수 있는 편의 시설 중 어떤 것을 만들면 좋을지 적어 보세요.

....
....
....
....

2 '두성에게 신학문을 배우게 하고 싶은 부모'

"두성이는 총명한 아이야. 이곳에서 공자 왈 맹자 왈만 하며 지내게 할 수는 없어. 신학문을 배울 수 있는 기회가 생겼는데……."

😊 두성이의 부모가 되어 서당에서 한문 말고 신학문을 배우도록 설득하는 말을 해 보세요.

....
....
....

1 장애가 있는 친구를 어떻게 도와 줄 수 있을까요? 알맞은 문장을 찾아 색칠도 하고, 숨은 문장을 적어 보세요.

하	막	강	마	환	장	니	탕	자	힐	사	잘	숨은 문장 찾아 적기
천	먼	저	인	사	해	요	하	언	꼿	이	못	1. 먼저 인사해요
군	천	수	던	리	홍	콩	섭	안	힐	애	해	
애	엉	히	산	강	래	한	자	혼	꼿	선	도	2.
표	독	찬	쉬	끼	거	캥	여	우	보	명	칭	
쉬	운	말	로	이	야	기	해	요	지	타	찬	3.
늑	터	컹	룩	아	말	림	대	방	않	살	하	
허	컹	호	얼	훈	루	로	콕	크	아	장	며	4.
터	겨	심	래	룰	머	국	이	멍	요	코	격	
놀	리	지	않	아	요	닭	표	야	터	마	려	5.
노	구	어	고	렁	지	고	국	암	기	컹	해	
황	말	악	돌	범	송	지	던	펭	장	해	요	6.
길	잃	은	친	구	를	도	와	주	세	요		

2 우리 학급에 시각장애인 친구가 다닌다면 어떨까요? 무엇이 불편하고 친구들은 어떻게 도와야 할지 써 보고 친구들과 이야기해 보세요.

• 무엇이 불편할까요?

• 어떻게 도와줄까요?

3 다음 상황에서 어떻게 해야 할지 생각해 보고 적절한 답을 써 보세요.

• 장애가 있는 친구를 도와줄 때, 나는

• 놀이 방법을 잘 모르는 장애가 있는 친구와 함께 놀 경우에, 나는

글숲 여행을 마치며

우리 주변에는 장애를 가졌지만 멋지게 살아가는 사람들이 많습니다. 이러한 사람들에 관해 알아 보고, 그들이 한 멋진 일들을 소개해 보세요.

소개하고 싶은 인물 (   )

테레사 수녀

1. 남을 위해 배려와 봉사를 하는 이웃이 주변에 있나요? 직접 만나지는 못했지만 신문이나 TV 등에서 사연을 듣거나 본 적이 있으면 그 내용을 적어 보세요.

2. 만약 공원이나 지하철 역 등에서 노숙자를 만나게 되면 어떻게 행동 하겠나요?

구연동화를 QR로 확인하세요.

시간의 흐름에 따라 인물이 한 일을 생각하며 '테레사 수녀'를 읽어 봅시다.

테레사 수녀

테레사는 1910년 8월 26일, 유고슬라비아의 아름다운 도시 스코페에서 3남매 중의 막내로 태어났습니다. 아버지와 어머니는 아기의 이름을 아그네스(꽃봉오리라는 뜻)라고 지었습니다.

유고슬라비아 : 유럽 중남부 발칸 반도에 있는 연방 공화국

아그네스의 어린 시절은 매우 행복하였습니다. 천주교 집안에서 자란 아그네스는 어려서부터 늘 입버릇처럼 말해 왔답니다.

"내가 어른이 되면, 세상에서 제일 가난한 사람과 함께 살 거예요."

아그네스가 아홉 살이 되던 해 불행하게도 아버지가 돌아가셨고 어머니는 너무 슬퍼한 나머지, 병이 나서 자리에 눕고 말았습니다.

어머니는 세 아이들을 모아 놓고 이렇게 말했습니다.

"얘들아, 아버지가 돌아가신 일은 정말 슬픈 일이지만, 이제 우리 모두 슬픔을 이기고 씩씩하게 살아가도록 하자. 사람은 살아가는 동안 여러 가지 어려운 일을 겪게 되는 법이다. 그럴 때마다 하느님께 기도하며 용기를 잃지 말고 살아가야 한다."

어린 아그네스는 어떤 어려움에도 굽히지 않고 적극적으로 살아가야 한다는 교훈을 배웠습니다.

아버지가 돌아가신 지도 어느덧 5년이 지났습니다. 아그네스는 열네 살이 되었습니다. 아그네스의 오빠 라잘은 다른 지방에 있는 사관 학교에 입학하였습니다. 언니 아헤와 아그네스는 고향에서 학교를 다니고 있었는데 두 사람 모두 성적이 우수했습니다. 아그네스는 특히 문학에 우수한 재능을 보였습니다.

사관학교 : 육·해·공군의 정규 장교를 양성하는 군사 학교

문학 : 사상이나 감정을 언어로 표현한 예술. 또는 그런 작품. 시, 소설, 희곡, 수필, 평론 등이 있음

"아그네스, 너는 문학에 좋은 점수를 받았구나. 앞으로 문학가가 되면 어떻겠니?"

여름 방학에 집으로 온 오빠가 아그네스에게 말했습니다.

"그렇지만 오빠, 나는 선교사가 되어 인도로 가고 싶어요."

인도 : 남부 아시아에 있는 나라
선교사 : 외국에 파견되어 종교를 알리는 일을 하는 사람

아그네스는 분명한 어조로 말했습니다.

옆에서 듣고 있던 어머니는 깜짝 놀랐습니다.

"아그네스, 왜 그렇게 먼 인도까지 가려고 하지?"

"어머니, 저는 가난한 사람들에게 하느님의 사랑을 전하고 싶어요."

"우리나라에서도 가난한 사람을 위해 일할 수 있지 않니?"

어머니는 아그네스의 마음을 돌려 보려고 했습니다.

"그렇지만 저는 가장 가난한 사람들에게 가고 싶어요. 어머니께서는 저희들이 어렸을 때부터 항상 가난한 사람들을 잊지 말라고 가르쳐 주셨어요. 그러니까 제가 결심한 일을 할 수 있도록 허락해 주세요."

아그네스가 너무나 진지하고 열성적으로 말했으므로, 어머니는 더 이상 반대를 할 수가 없었습니다.

마침내 아그네스는 수녀원장의 면접을 받기 위해 프랑스의 수도 파리로 가게 되었습니다. 가족은 그와 헤어지는 것을 몹시 슬퍼했지만 아그네스의 결심을 모두 이해해 주었습니다.

수녀회 : 가톨릭에서 수녀(혼인하지 않고 모여서 예수의 삶을 본떠서 살려고 애쓰는 여자)들의 모임

파리에서 수녀원장과의 면접은 잘 치러져 수녀회 입회가 허락되었습니다.

아그네스는 인도에 있는 토래토 수녀회에 들어갔습니다. 5개월 동안 생활한 뒤, 예비 수녀 기간을 마치고 정식으로 수녀가 되었습니다. 수녀가 되면 지금까지 사용하는 이름대신 수녀로서의 이름을 사용하게 됩니다. 아그네스는 수녀로서의 이름을 테레사로 바꾸었습니다. 테레사 수녀는 그곳에서 19년 동안, '청빈', '순결', '순종'의 세 가지를 지키며 열심히 공부하였습니다. 이때 처음으로 테레사 수녀는 가난과 병에 시달리고 있는 사람들을 자신의 눈으로 직접 보았습니다.

순결 : 순수하고 깨끗함
순종 : 남의 뜻에 따름
청빈 : 성품이 깨끗하고 돈과 물건에 대한 욕심이 없음

1946년 이슬람교와 힌두교 사이에 심한 싸움이 일어나, 거리에는 끊임없이 사람이 죽어 갔습니다. 이 싸움을 계기로 인도 대륙은 파카스탄과 인도의 두 나라로 나누어졌습니다.

힌두교 : 인도의 토착 신앙과 브라만교가 융합한 종교
이슬람교 : 610년에 아라비아의 예언자 마호메트가 창시한 세계 3대 종교의 하나

테레사수녀는 수녀원의 꼭대기 자기 방에서 내다보이는 그 모습을 눈 뜨고는 차마 볼 수 없었습니다.

'많은 사람들이 하느님의 사랑을 필요로 하고 있어. 저 가난한 사람들에게 가까이갈 수 있는 단 한 가지 길은 그들과 함께 지내는 것일 거야. 하지만……'

수녀가 된 이상, 하느님의 뜻이 아니고서는 수녀원을 함부로 나갈 수는 없었습니다.

수녀원 : 여성 수도사들이 일정한 규율 아래 공동생활을 하면서 수행을 하는 곳

테레사 수녀는 하느님께 꾸준히 기도를 올릴 뿐이었습니다.

"주여, 수녀원 밖에서는 가난하고 버림받은 자들이 하느님의 사랑을 원하고 있습니다. 저 어린 양들에게 당신의 사랑을 어떻게 전해야 하는 것입니까?"

그런데 하루는 신비한 일이 일어났습니다. 간절히 기도를 올리고 있던 테레사에게 어디선가 한 줄기 찬란한 빛이 비친 거예요. 그리고 그의 마음속을 크게 울리는 아름다운 소리가 있었습니다.

"가난한 자들 속에서 생활하며 그들을 도우라!"

그것은 분명 하느님의 소리였습니다. 이제 테레사는 하느님의 뜻에 따라 수녀원을 떠날 수 있게 된 거지요.

테레사 수녀는 캘커타에서도 가장 가난한 마을을 찾아갔습니다. 그곳은 차마 사람이 사는 곳이라고 할 수 없었습니다. 거리에는 온갖 더러운 것들이 나뒹굴었고, 사람들은 몸을 씻지 않아 매우 더러웠어요. 어떤 이들은 병에 걸려 죽기만을 기다리고 있었습니다. 아이들은 그냥 내버려진 채로 거리를 헤매고 있었습니다.

테레사 수녀가 해야 할 일은 참으로 끝없는 것처럼 보였습니다.

　테레사 수녀는 먼저 집집마다 찾아다니며 병자를 돌보기 시작했습니다.
그리고 허름한 집을 구해 아이들을 불러 모아 공부를 가르쳤어요. 지금보
다 더 잘 살기 위해서는 배워야 한다고 생각했습니다.

병자: 아픈 사람
허름한: 오래되고 낡은

　한번은 이런 일이 있었습니다. 날이 어두워져 가는데 어디선가 신음 소
리가 들렸습니다. 그 소리는 듣기에도 고통스러울 만큼 매우 낮고 길었습
니다.

　'어디서 나는 소리일까?'

　테레사 수녀는 가던 발걸음을 멈추고 주변을 살폈어요. 시궁창에서 나는
소리가 틀림없었습니다. 시궁창 가까이에 간 테레사 수녀는 그만 깜짝 놀
라고 말았습니다. 한 아주머니가 시궁창에서 쓰러져 죽어 가고 있던 거예

요. 쥐와 개미들에게 뒤덮여 살을 물어뜯긴 채 말이에요. 그 아주머니는 쥐와 개미들을 물리칠 힘조차 없어 보였습니다. 테레사 수녀는 아주머니를 부축해 가까운 병원으로 가며 간절히 기도했습니다.

부축 : 겨드랑이를 붙잡아 걷는 것을 도움

"주여, 이 불쌍한 여인이 굶주림과 외로움 속에서 고통스럽게 죽어 가고 있습니다. 부디 마지막 순간이라도 따뜻한 사랑을 느끼며 숨을 거둘 수 있도록 보살펴 주소서."

그러나 병원에서는 아주머니를 받아 주지 않았어요. 이미 죽어가고 있었을 뿐만 아니라, 아주머니가 돈 한 푼 없는 가난뱅이였으니까요.

가난뱅이 : 가난한 사람을 낮잡아 이르는 말

"아, 글쎄 우리 병원은 벌써 다 찼다니까요. 다른 병원을 알아봐요."

"부인이 편히 쉴 수 있도록 침대만이라도 내 주세요. 그렇지 않으면 저는 여기서 한 발자국도 움직이지 않겠습니다!"

테레사 수녀는 물러나지 않고 끝까지 버텼습니다. 그제야 병원에서도 침대를 내주었습니다.

훗날 다른 사람이 이 일을 두고 수녀님께 물었습니다.

"이미 죽어가고 있는 사람을 구해 보았자 무슨 소용이 있습니까?"

그러자 수녀님이 이렇게 말했습니다.

"만약 내가 그 부인을 구하려 하지 않았다면, 그 다음에 만난 수천수만 명의 사람들도 모두 도움을 받지 못했을 겁니다."

그랬어요. 테레사수녀는 병이 들어 다 죽어가는 사람이라도, 그 모습이 쳐다보기도 싫을 만큼 흉하더라도 결코 문제 삼지 않았어요. 오직 정성을 다해 사랑과 친절을 베풀었습니다. 그들이 마지막 순간이라도 사랑받고 있다는 것을 느끼며 죽어갈 수 있기를 바랐기 때문입니다.

흉하더라도 : 생김새나 외모가 보기에 좋지 않더라도

그런데 점차 크게 일손이 모자라게 되었습니다. 테레사 수녀 혼자 해내기에는 돌봐야 할 사람들이 너무 많았던 거예요. 다행히 이 소식을 들은 다른 수녀들이 테레사 수녀를 찾아와 도와 주었습니다.

그리하여 2년 뒤, 테레사 수녀는 '사랑의 선교회'를 세워 더 많은 활동을

나병 : 나병균에 의하여 감염되는 만성 전염병. 피부에 살점이 불거져 나오거나 반점 같은 것이 생기고 그 부분의 지각이 마비되며 눈썹이 빠지고 손발이나 얼굴이 변형되며 눈이 잘 보이지 않게 된다

벌일 수 있었습니다. 죽음을 앞둔 사람들을 위해 '니르말 흐리다이'라는 집을 세우고, 나병 환자들을 위해 '산태 나가르'라는 요양소를 세웠습니다. 요양소에 있는 환자들은 모든 일을 스스로 합니다.

요양소 : 아픈 사람이 병을 고치면서 쉴 수 있도록 시설을 갖춘 곳

사회에서 버림받은 환자들이지만, 각자 자기 일을 하면서 희망을 가지고 기쁘게 살아갈 수 있게 되었습니다.

나병에 대해 관심을 보이지 않았던 사람들도 테레사의 활동을 보고는 서서히 관심을 가지게 되었습니다.

사랑은 다른 사람의 가슴에도 사랑의 씨앗 하나에서 싹을 틔우는 놀라운 힘을 가지고 있습니다. 작은 씨앗 하나에서 무수한 열매가 맺히듯이, 아무리 작은 사랑이라도 그것은 하나의 씨앗이 되어 큰 사랑의 열매를 맺게 하는 것입니다.

테레사의 활동 범위는 해마다 점점 넓어져 갔습니다. 학교, 병원, 보호 시설, 진료소 등이 인도 전 지역에 설립되었습니다.

이처럼 테레사의 지칠 줄 모르는 사랑과 헌신은 세계의 많은 사람들에게 큰 감동을 안겨 주었습니다. 뿐만 아니라 사랑과 헌신이야말로 평화를 가져오는 위대한 방법이라는 것도 깨닫게 해 주었습니다.

헌신 : 몸과 마음을 바쳐 있는 힘을 다하는 것

그리하여 인도 정부는 여러 단체에서 테레사의 활동을 인정하여 여러 가지 상과 메달을 주었습니다. 그리고 1979년에는 세계 최고의 영예인 노벨 평화상도 받게 되었습니다.

가난하고 버림받은 사람들의 어머니 테레사 수녀는 항상 이렇게 말해 왔습니다.

"자기가 사는 도시, 자기가 사는 지구, 그리고 자기 가족에게 무엇이 부족한가를 알기 위해서는 항상 자기 주위를 주의 깊게 살펴보십시오."

또한 사람들에게 이렇게 호소했어요.

"가난한 사람들을 보살펴 오면서 한 가지 사실을 깨달았어요. 그것은 사람들로부터 따돌림 받고 사회로부터 버림받는다는 거예요. 이런 병은 마

음에서 우러나오는 따뜻한 사랑의 손길만이 고칠 수 있어요."

또 누군가가 테레사 수녀에게 잔치를 열어 주면 이렇게 말했어요.

"그 돈으로 불쌍한 사람들을 도와주세요."

테레사 수녀는 70세가 넘어서도 버림받은 사람들을 위해 예전과 똑같이 하루 21시간을 일했지요. 그렇게 가난하고 버림받은 사람을 위해 평생을 바쳤습니다.

현재 '사랑의 선교회'는 세계 95개국, 200여 개의 도시에 445개의 구호 기관을 운영하고 있으며, 2500명의 수녀, 수사들과 수천 명의 자원 봉사자들이 일하고 있습니다.

1996년 8월, 여든여섯 살의 고령에 이른 테레사는 말라리아와 폐렴에 걸려 병원에 입원하였습니다. 의사들은 "테레사의 병은 거의 평생을 항상 구부린 자세로 병약자들을 돌보아 온 헌신적인 활동이 원인"이라고 진단했습니다.

테레사가 입원했다는 소식이 전해지자, 전 세계의 가난한 사람들이 그녀의 회복을 빌며 기도를 드렸고, 힌두교와 이슬람교도가 함께 눈시울을 적셨습니다.

테레사는 입원 직후 한때 사경을 헤맸으나, 다행히 회복되어 18일 만에 병원 문을 나섰습니다. 그러나 테레사는 3개월 후인 11월 20일, 다시 심장병으로 쓰러져 병원에 입원하여 수술을 받았으나 87세의 나이로 이 세상을 떠나고 말았습니다.

♠ 테레사 수녀 연표 ♠

연대	테레사 수녀의 생애와 업적
1910	본명 아그네스 곤자 보야지우. 8월 27일 현재 마케도니아 영토인 스코페에서 알바니아 출신 건축업자의 세 자녀 중 막내로 출생.
1928	로레토 수도회의 수련 수녀가 돼 테레사로 명명됨.
1929	캘커타에 도착, 교단이 운영하는 세인트 메리 고등학교에서 교사 생활 시작.
1937	수녀로 최종 誓願(서원).
1947	교단을 떠나 캘커타의 빈민가로 가서 학교를 세우도록 허락받음.
1950	「사랑의 선교회」 설립.
1952	죽어가는 사람들이 머물 수 있는 안식처 니르말 흐리다이(Nirmal Hriday-순수한 마음)를 설립. 다음 해 처음으로 고아원을 세움.
1962	파드마 슈리賞 수상. 테레사 수녀가 인도주의적 활동으로 상을 받은 것은 이번이 처음으로 그 상금으로 수십 개의 새 안식처를 건립.
1979	노벨평화상 수상.
1985	미국에서 민간인에게 주어지는 가장 권위있는 賞인 「자유의 메달」 수상.
1990	「사랑의 선교회」 대표직 사임 의사 표명. 후계자 선정을 위해 수녀비밀회의를 소집. 비밀 투표에서 테레사 수녀 자신이 던진 반대표 1표를 제외하고 전원 찬성으로 재선됨. 이에 따라 사퇴 선언을 철회함.
1996	11월 16일 미국 명예 시민권 받음.
1997	3월 13일 「사랑의 선교회」 대표직 사임. 9월 5일 캘커타에서 심장마비로 타계함. (향년87세)

1. 인도까지 가려는 마음을 돌려 보려고 했던 어머니에게 테레사는 뭐라고 말했나요?

2. 테레사가 정식 수녀가 되기 위해 예비 수녀 기간을 거친 수녀회의 이름은 무엇인가요?

3. 2차 세계대전이 끝난 후 인도는 종교의 차이에 의해 분리가 되었고, 이 과정에서 많은 사상자와 난민들이 생겼습니다. 어떤 종교끼리의 분쟁이었나요?

4. 테레사 수녀가 인도에서 활동한 일을 적어 보세요.

5. 테레사 수녀가 봉사활동을 하기 위해 세운 선교회의 명칭은 무엇인가요?

1 '딸이 걱정스러운 테레사 엄마'

> 테레사가 선교 활동을 하기 위해서 멀리 인도로 떠나려고 해요.
> '식구들과 떨어져 지내면 얼마나 힘들고 고생스러울까?'

😊 어머니가 되어 테레사에게 인도까지 가지 말라고 설득하는 말을 적어 보세요.

....
....
....

2 '테레사 수녀에게 감사함을 느끼는 나병 환자'

> "나병 환자들 중에서 남에게 병을 옮길 염려가 있는 사람은 아주 드물어요. 하지만 주변 사람들은 우리와 접촉하는 것을 두려워하고 있지요. 하지만 테레사 수녀는 다른 사람과 달랐어요."

😊 나병 환자가 되어 테레사 수녀에게 감사하는 마음을 적어 보세요.

....
....
....

1 병원 앞 길거리에서 죽어 가는 여자를 발견한 테레사 수녀는 그 여자가 평화롭게 죽을 수 있도록 침대에 눕혀 달라고 간청했지만 병원에서는 그녀를 받아 주지 않았습니다. 이 병원의 행동에 대해 어떻게 생각하나요?

2 사람들이 꺼려하며 수치스러운 병으로 알고 있는 나병에 대한 생각을 바꿀 수 있는 방법을 적어 보세요.

3 테레사 수녀가 인도의 성 마리아 학교에서 교사 생활을 할 때 그곳 여학생들은 "물질적으로 부유한 사람들이 가난한 사람들에게 어떤 책임을 져야 하는가?"를 자주 토론했다고 합니다. 테레사 수녀는 이 학생들에게 어떤 말을 해 주었을까요?

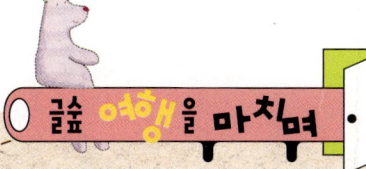

온 삶을 다 바쳐 봉사하신 테레사의 열정을 통해 사랑의 아름다움을 살펴보았습니다. '진정한 봉사'란 무엇인지 나의 생각을 적어 보세요.

제목 : 진정한 봉사

내가 생각하는 진정한 봉사란

예를 들면

그러므로

바보 이반의 이야기

1. 나는 집과 학교에서 맡은 일에 얼마나 책임을 다하고 있는지 스스로 되돌아보세요.

장소	잘한 일	잘못한 일
집에서		
학교에서		

2. 사람들이 바보라고 부르는 사람들은 주로 어떤 특징을 가졌다고 생각되는지 써 봅시다.

구연동화를 QR로 확인하세요.

남의 것을 탐내지 않고 성실하게 살면 행복해질 수 있다는 것을 생각하며 '바보 이반의 이야기'를 읽어 봅시다.

바보 이반의 이야기

옛날, 어느 나라에 돈 많은 농부가 살고 있었습니다. 농부에게는 군인인 셰몬, 배불뚝이 타라스, 바보 이반이라는 세 아들과 벙어리 노처녀인 딸, 말라니아가 있었습니다. 군인 셰몬은 임금님을 섬기러 전쟁에 나갔고, 배불뚝이 타라스는 시내에 있는 상인에게 장사하는 법을 배우러 갔습니다. 바보 이반과 누이는 집에 남아 부모님을 모시며 열심히 일했습니다.

셰몬은 귀족의 딸과 결혼했으나 늘 적자 생활이었습니다. 남편이 벌어오는 돈을 아내가 물 쓰듯이 마구 써 버렸기 때문입니다. 타라스도 돈을 많이 모아 상인의 딸과 결혼했습니다. 그래도 속이 차지 않았습니다.

적자 : 번 돈보다 쓴 돈이 많아서 생기는 손해

어느 날, 셰몬과 타라스는 아버지에게 찾아와 자기들 몫의 재산을 나누어 달라고 했습니다.

"아버지는 부자이면서 저희들에게 한 푼도 주시지 않았습니다. 저희들에게 땅을 3분의 1씩 나누어 주십시오."

"그렇다면 이반이 뭐라고 하는지 물어보자."

그런데 이반은 이렇게 말했습니다.

"어쩔 수 없지요. 가져가라지요. 뭐."

이렇게 해서 셰몬과 타라스는 제 몫을 넘겨받았고, 이반은 옛날이나 다름없이 늙은 암말 하나로 농사를 지어 아버지와 어머니를 모셨습니다.

몫 : 여럿으로 나누어 가지는 각 부분
암말 : 여자 말

한편, 늙은 마귀는 이반 형제들이 재산 분배로 싸우지 않고 헤어진 것이 속상해 죽을 지경이었습니다. 그래서 작은 마귀 셋을 불러 모았습니다.

마귀 : 사람에게 해를 끼치는 못된 귀신

"자, 봐라. 저기 삼 형제가 살고 있지. 셰몬과 타라스, 그리고 이반이라는 바보 말이다. 저들에게 꼭 싸움을 붙여야겠는데 놈들은 사이좋게 살고 있거든. 저 이반이라는 바보 녀석이 내 일을 몽땅 망쳐 놨단 말이야. 이제부터 너희들 셋이 나가 삼 형제에게 붙어서 서로 싸우도록 만들어라."

"네. 형제들을 모두 가난하게 만들면 서로 싸우지 않겠어요?"

늙은 마귀는 흐뭇한 마음으로 작은 마귀들을 이반 형제들에게 보냈습니다. 며칠 후, 세 마귀는 한자리에 모여 각자가 한 일을 설명했습니다.

첫 번째 마귀가 말했습니다.

"세몬은 지금 감옥에 있어. 왕에게 온 세계를 정복하겠다고 했다가 망신만 당했거든. 내가 내일 그 녀석을 감옥에서 도망치게 해 주면 분명 아버지한테 갈 거야. 그러니까 내가 필요 없지. 이제 너희 둘 중 누굴 도와 줄까?"

정복 : 다른 나라나 민족을 무찌르고 지배하는 것

그러자 두 번째 마귀가 말했습니다.

"난 도와 주지 않아도 돼. 타라스는 보는 것마다 모두 사들이는 바람에 빚을 엄청나게 졌거든. 이제 그 녀석도 곧 아버지한테 갈 거야."

이때 세 번째 마귀가 시무룩한 목소리로 말했습니다.

"난 잘 안 돼. 이반 녀석은 얼마나 미련한지 몰라. 아픈 배를 움켜쥐면서도 돌처럼 딱딱한 밭을 일구는 거야. 그러니 와서 나를 좀 도와 줘야겠어."

미련 : 터무니없는 고집을 부릴 정도로 매우 어리석고 둔함

다음날 이반은 배가 아픈 것을 꾹 참으며 쟁기로 밭을 갈고 있었습니다. 그런데 갑자기 쟁기가 나무뿌리에 걸린 것처럼 꼼짝도 하지 않았습니다.

쟁기 : 논밭을 가는 농기구

'이상하다. 여기에는 나무뿌리가 없었는데…….'

이반이 고랑 속으로 손을 넣자 무언가 물컹한 것이 닿았습니다. 꺼내 보니 작은 마귀였습니다. 이반이 놀라 땅바닥에 내동댕이치려 했습니다.

고랑 : 두둑한 땅과 땅 사이에 길고 좁게 들어간 곳을 '이랑'에 상대하여 이르는 말

내동댕이치려 : 아무렇게나 힘껏 마구 내던지려

"제발 저를 던지지 마세요. 원하시는 건 모두 해 드릴게요."

"그래? 나는 지금 배가 아파. 고쳐 줄 수 있겠니?"

"할 수 있고말고요."

작은 마귀는 손톱으로 땅을 헤쳐 뭔가 찾기 시작했습니다. 마침내 세 가닥의 작은 뿌리를 하나 뽑아 이반에게 주면서 말했습니다.

"여기 있습니다. 누구나 한 뿌리만 먹으면 어떤 병도 낫습니다."

이반이 뿌리 한 가닥을 먹자, 배 아픈 것이 금방 사라졌습니다. 이반은 남은 뿌리를 모자 속에 넣고 남은 고랑을 마저 갈기 시작했습니다.

집에는 감옥에서 도망쳐 나온 세몬이 아내와 함께 밥을 먹고 있었습니다. 이반은 큰형의 부탁대로 집에서 지내게 해 주었습니다.

다음날 새벽, 세몬을 맡았던 작은 마귀는 이반이 풀을 베고 있는 곳으로 왔습니다. 이 마귀는 이반의 낫이 밭에서 나오지 못하게 붙잡고 있기도 하고, 호밀밭을 미리 짓밟아 놓기도 했습니다. 하지만 이반은 아무 불평도 없이 열심히 일을 해 나갔습니다. 화가 난 작은 마귀는 호밀 다발 속에 들어가 호밀을 썩히기 시작했습니다. 그런데 잠깐 잠든 사이 이반의 갈퀴에 등이 찔리고 말았습니다. 작은 마귀가 도망치려고 버둥거리자 이반이 말했습니다.

낫: 곡식, 나무, 풀 따위를 베는 데 쓰는 농기구
호밀: 볏과의 한해살이풀 또는 두해살이풀. 열매의 가루는 곡식으로 쓰인다
갈퀴: 검불이나 곡식 따위를 긁어모으는 데 쓰는 기구. 한쪽 끝이 우그러진 대쪽이나 철사를 부챗살 모양으로 엮어 만든다

"아니, 이놈이 또 왔잖아?"

"아니에요. 저는 세몬에게 붙어 다니던 마귀예요. 한 번만 놓아 주시면 원하는 대로 해 드릴게요."

"그래, 무얼 할 수 있느냐?"

"원하시면 무엇으로라도 군대를 만들 수 있습니다."

"노래를 부를 수도 있단 말이냐?"

"그럼요."

"좋아. 그럼 어디 한번 군대를 만들어 봐."

그러자 작은 마귀는 이렇게 말했습니다.

"이 호밀단 끝을 땅에 대고 흔들면서 이렇게 말하기만 하면 됩니다. 내 종의 명령이다. 보릿짚 수만큼 군인이 되어라!"

보릿짚: 보리의 낟알을 떨어낸 뒤에 남은 짚

이반이 호밀단을 들고 작은 마귀가 일러준 대로 말했습니다. 그러자 정

말로 호밀단이 군인으로 변하더니 앞에서 북을 치고 나팔을 신나게 불어 대는 것이었습니다. 이반은 군인들을 다시 호밀단으로 바꾸는 방법도 배우고 나서 마귀를 보내 주었습니다.

이반이 집으로 돌아와 보니 타라스가 아내와 함께 와 있었습니다.

"이반, 내가 장사를 해서 돈을 벌 때까지 집사람과 나를 좀 먹여다오."

"그럼요. 우리 집에 계세요."

이반은 작은형도 그곳에서 함께 살게 해 주었습니다. 타라스를 맡았던 작은 마귀도 그날 저녁 친구 마귀를 도우려고 이반에게 왔습니다. 이반은 형들의 집을 지어 주기 위해 숲 속에서 나무를 베고 있었습니다. 이 마귀는 이반이 나무를 베어 눕히는 것을 방해하고 다녔습니다. 그런데 이반의 도끼를 피하려다 나뭇가지 사이에 한쪽 발이 끼이고 말았습니다.

"아니, 요 망할 것! 너 또 왔구나?"

"아닙니다. 나는 당신의 형 타라스한테 붙어 있는 마귀예요."

이반은 도끼를 치켜들어 내리치려고 했습니다.

"저를 살려주세요. 당신이 원하는 것을 해 드릴 테니까요."

"도대체 네가 무엇을 할 수 있다는 게야?"

"나는 당신이 원하는 대로 얼마든지 돈을 만들어 드릴 수 있어요."

"그렇다면 어디 한번 만들어 봐!"

"이 떡갈나무 잎을 들고 두 손으로 비비세요. 그러면 금화가 떨어져요."

이반이 나뭇잎을 들고 비벼대자 누런 금화가 마구 떨어졌습니다.

금화 : 금으로 만든 돈

"이제 저를 놓아주세요."

"그래, 좋아."

이반은 작은 마귀를 나뭇가지 틈에서 빼내어 주었습니다.

형제는 집을 지어 따로 살게 되었습니다. 이반은 밭일을 마치고 두 형을 잔치에 초대했지만 형들은 오지 않았습니다.

잔치 : 기쁜 일이 있을 때에 음식을 차려 놓고 여러 사람이 모여 즐기는 일

이반은 대신 농부들과 그의 아내들을 초대해 대접을 했습니다. 그리고

대접 : 음식을 차려 손님에게 주는 것

금화를 만들어 사람들에게 나누어 주고 군인들이 한 줄로 나와 노래를 부르게 했습니다. 이반은 잔치가 끝나자 군인들을 다시 호밀단으로 만들어 놓고 잠을 잤습니다. 다음날 아침, 세몬이 이반에게 찾아와 군인이 필요하다고 말했습니다.

"제가 이 보릿단으로 군인들을 만들어 드릴 테니 데리고 가세요."

그리고 이반은 보릿단을 쳐서 군대를 만들어 주었습니다. 세몬은 군대를 이끌고 싸움을 하러 떠났습니다. 세몬이 떠나자, 이번에는 뚱뚱이 형 타라스가 와 부탁했습니다.

"너는 그 금화를 어디서 얻었니? 나한테도 돈이 있다면 그걸 밑천으로 장사를 해서 돈을 많이 벌 수 있을 텐데……."

밑천 : 어떤 일을 하는 데 바탕이 되는 돈이나 물건, 기술, 재주 따위를 이르는 말

이반은 떡갈나무 잎을 비벼 금화를 만들어 형에게 주었습니다. 그러자 타라스도 금화를 갖고 장사를 하러 갔습니다.

세몬은 전쟁을 해서 두 나라를 얻고, 타라스는 큰 돈을 벌었습니다.

한번은 이반의 개가 옴이 올라 다 죽게 되었습니다. 이반은 개를 불쌍히 생각하고 나무뿌리 한 가닥을 주었더니 갑자기 펄쩍펄쩍 뛰며 장난을 치고 꼬리를 흔들어 댔습니다. 부모는 그것을 보고 깜짝 놀랐습니다.

"너는 무엇으로 개의 병을 고쳤니?"

"나는 어떤 병이든 낫게 하는 뿌리를 두 가닥 가지고 있었는데 그 한 가닥을 개가 먹었어요."

옴 : 옴진드기가 기생하여 일으키는 전염 피부병. 손가락이나 발가락의 사이, 겨드랑이 따위의 연한 살에서부터 짓무르기 시작하여 온몸으로 퍼진다. 몹시 가렵고 헐기도 한다

그때 마침 임금의 딸이 병에 걸려 있었습니다. 임금은 누구든지 공주의 병을 낫게 해주는 사람에게는 상을 내릴 것이며, 공주와 혼인을 시켜 주겠다고 했습니다. 이반은 공주의 병을 고치기 위하여 떠날 채비를 했습니다.

혼인 : 결혼

옷을 입고 문간으로 나가다가 손이 굽은 여자 거지가 거기에 서 있는 것을 보았습니다.

문간 : 대문이나 중문(重門) 따위 출입문이 있는 곳

"듣자 하니 당신은 병을 고쳐준다면서요? 제 손을 좀 고쳐 주세요. 혼자서 신발도 신을 수 없답니다."

"그러지요."

이반은 남은 뿌리 한 가닥을 꺼내어 여자 거지에게 주었습니다. 아버지와 어머니는 하나밖에 없는 뿌리를 그 여자에게 주어 버려, 이제는 공주의 병을 고칠 길이 없어졌음을 알고 아들을 꾸짖었습니다.

"그래, 거지는 불쌍히 생각하면서 공주님 병은 괜찮다는거니?"

그러자 이반은 곧 공주도 불쌍한 생각이 들었습니다. 그는 말을 수레에 달고 짚을 싣고 그 위에 앉아 떠날 채비를 했습니다.

수레 : 바퀴를 달아서 굴러가게 만든 기구

"도대체 어디로 가려는 게냐?"

"공주님 병을 고치러요."

"하지만 너에게는 고칠 게 아무것도 없지 않느냐?"

이반이 궁궐에 닿아 층계에 들어서기만 했는데 공주의 병은 깨끗이 나았습니다. 왕은 크게 기뻐하면서 이반에게 좋은 옷을 입히게 했습니다.

"그대는 이제부터 내 사위야."

사위 : 딸의 남편을 이르는 말

"황공하옵니다."

그리고 그는 공주와 결혼하여 왕이 되었습니다.

바보 이반은 왕이 되어서도 일을 계속 했습니다. 사람들이 왜 일을 하냐고 묻자 이반이 대답했습니다.

"그야 왕도 먹어야 하니까."

왕비도 이반을 따라가 일을 도왔습니다. 똑똑한 사람들은 이반의 나라를 떠나고 바보들만 남았습니다.

늙은 마귀는 작은 마귀들이 돌아오지 않자 삼 형제를 해치려고 직접 나섰습니다. 제일 먼저 장군으로 둔갑하고는 세몬에게 가서 말했습니다.

둔갑 : 재주를 부려 자기 몸을 감추거나 다른 것으로 바꿈

"임금님, 젊은 사람들을 모두 군인으로 뽑으십시오. 제가 한 번에 백 발의 총알이 나가는 총과 한 방만 맞으면 뭐든지 불타는 대포도 만들겠습니다."

세몬은 이것들로 많은 나라를 빼앗았습니다. 그런데 얼마 후 인도의 왕

13. 바보 이반의 이야기

이 더 발달한 무기로 세몬의 나라를 빼앗았습니다.

늙은 마귀는 두 형제를 해치운 다음, 장군으로 둔갑하여 이반의 나라로 갔습니다.

"임금님, 제가 백성들 중에 군인을 뽑아 군대를 만들어 드리겠습니다."

"좋소. 하지만 그들이 노래를 잘 부를 수 있게 가르쳐야 하오."

늙은 마귀는 이반의 나라를 돌아다니며 군대에 오지 않으면 왕이 사형을 시킬 것이라고 했습니다. 하지만 백성들은 군대에 나가 죽는 것보다 집에서 죽는 게 낫겠다고 하며 나가지 않았습니다. 상황이 뜻대로 되지 않자 늙은 마귀가 이웃 나라 타라칸 왕에게 가서 말했습니다.

"이반의 나라를 치십시오. 그곳에는 돈은 없지만 가축과 곡식 등이 많이 있답니다."

타라칸 왕은 군대를 모아 무기를 들고 이반의 나라로 쳐들어갔습니다. 군인들은 바보들에게서 곡식과 가축을 빼앗았습니다. 그러나 바보들은 무엇이든 다 주었습니다. 군인들은 맥이 빠져 더 이상 싸우지 못하고 뿔뿔이 흩어지고 말았습니다. 늙은 마귀는 이번에는 신사로 둔갑하여 백성들에게 집을 지어 주면 품삯으로 금화를 주겠다고 했습니다. 바보들은 금화를 갖고 싶어 신사가 시키는 일을 했습니다. 그런데 바보들은 아내의 목걸이와 아이들의 장난감으로 쓸 금화만 얻고는 더 이상 금화를 얻으려 하지 않았습니다.

맥 : 기운이나 힘
신사 : 사람됨이나 몸가짐이 점잖고 교양이 있으며 예의 바른 남자
품삯 : 어떤 일을 하는데 드는 힘을 판 값으로 받는 돈

화가 난 늙은 마귀는 높은 전망대에 서서 백성들에게 머리로 일하는 방법을 설명했습니다. 백성들은 잠깐 귀를 기울였다가 곧 떠나 버렸습니다. 지친 마귀는 푹 쓰러지더니 거꾸로 떨어졌습니다. 이반은 그 뒤로도 두 형들과 자기 나라를 찾는 사람들과 함께 열심히 일을 하며 살았습니다.

1 세몬과 타라스가 마귀의 술책에 넘어간 까닭은 무엇일까요?

2 이야기에서 이반과 형제들이 싸우지 않고 재산을 분배할 수 있었던 이유를 써 보세요.

3 공주의 병은 어떻게 해서 나았나요?

4 공주가 병이 나은 이유를 이반의 성품과 관련하여 써보세요.

13. 바보 이반의 이야기

1 '맡은 일에 최선을 다한 이반, 임금되다.'

"나는 욕심을 내지 않고 맡은 일에 최선을 다했을 뿐인데 예쁜 공주와 결혼도 하고 한 나라의 임금이 되었어. 내일은 임금이 되는 행사가 있는 날이야."

이반은 임금이 되는 행사장에서 백성들에게 어떤 말을 해주고 싶은지 적어 보세요.

2 '이반에게 감사함을 전하는 여자 거지'

"나는 태어날 때부터 손이 굽었기 때문에 남의 도움 없이는 먹을 수도 없고, 신발을 제대로 신을 수도 없었어요. 하지만 이반의 도움으로 어떤 병이라도 고칠 수 있는 뿌리를 먹게 되어 너무나 기뻐요."

여자 거지가 되어 하나밖에 남지 않은 뿌리를 준 이반에게 감사하는 말을 적어 보세요.

1. 이반이 마귀들의 방해에도 불구하고 파멸하지 않은 이유는 무엇이라고 생각하나요?

2. 내가 최선을 다했을 때 좋은 결과를 얻은 경험을 적어 보세요.

3. 성실한 생활을 하기 위한 나의 다짐을 써 봅시다.

4. 우리 학급에서 맡은 일을 열심히 하여 칭찬하고 싶은 친구와 이유를 써 보세요.

이 름	칭찬하고 싶은 이유

글숲 여행을 마치며

이반은 착하고 욕심이 없는 사람입니다. 또 남의 것을 탐내지 않고 성실하게 살면 행복해질 수 있다는 것을 보여줍니다. 그러나 이반에게는 장점만 있을까요?

이반이 요즘에 살고 있다면 어떤 어려움이 있을는지 생각해 보고 '바보 이반'에 담긴 주제를 글감으로 삼아 자신의 주장에 대해 개요를 짜 보세요.

제목	
서론	(착하고 욕심없이 성실하게 사는 삶에 대한 나의 생각 드러내기)
본론	(주제에 대한 자신의 주장과 타당한 이유를 제시하기)
결론	(주장을 다시 한 번 확인하고 마무리하기)

개요를 바탕으로 내 생각을 글로 써 보세요.

어린 왕자

1. 저 하늘에 나의 별이 있다면 그 별에는 무엇이 있을지 적어 보세요.

2. '어린 왕자'를 쓴 지은이는 실제로 하늘을 날다 사라졌습니다. 그가 어디로 갔을지 상상하여 적어 보세요.

3. 여러분이 어떤 일에 대해서 책임을 져 본 적이 있다면 언제, 무슨 일로 책임을 졌었는지 적어 보세요.

구연동화를
QR로 확인하세요.

어린 왕자가 여러 별을 떠돌며 만난 사람들을 상상하며 '어린 왕자'를 읽어 봅시다.

어린 왕자

보아구렁이 속의 코끼리
보아구렁이 : 파충강 뱀목의 한 과. 독이 없고 항문 뒤쪽에는 뒷다리가 퇴화된 발톱 모양의 돌기가 있다.

내가 여섯 살 때 책에서 굉장한 그림을 보았어요.
짐승을 삼키는 보아구렁이 그림에 이렇게 쓰여 있었어요.

"보아구렁이는 먹이를 씹지도 않고 통째로 꿀꺽 삼킨다. 그러고는 움직일 수가 없어 꼼짝도 하지 않고 여섯 달이나 잠을 잔다."
나는 밀림에서는 어떤 일이 일어날까 생각해 보았어요.
밀림 : 큰 나무들이 빽빽하게 들어선 깊은 숲

14. 어린 왕자　169

나의 1호 그림은 이런 것이었어요.

나는 어른들에게 이 그림을 자랑하고 싶어 보여 주었어요.

"이 그림, 무섭죠?"

"무섭다고? 모자가 뭐가 무섭다는 거니?"

내 그림은 모자가 아니었어요.

코끼리를 소화시키고 있는 보아구렁이 모습이었어요.

나는 할 수 없이 어른들이 쉽게 알아볼 수 있도록 코끼리가 들어 있는 뱀의 뱃속을 그렸어요.

이것이 나의 2호 그림이에요.

어른들은 보아구렁이 속의 코끼리에는 관심이 없었어요.

차라리 지리, 역사, 수학, 그리고 문법 쪽에 관심을 가져 보는 게 좋겠다고 충고해 주었어요.

역사 : 인류 사회의 변천 과정. 또는 그 기록   **문법** : 말의 구성 및 운용상의 규칙. 또는 그것을 연구하는 학문
지리 : 어떤 곳의 지형이나 길 따위의 형편을 연구하는 학문
충고 : 남의 결함이나 잘못을 진심으로 타이름. 또는 그런 말

어른들 스스로는 아무것도 이해 못하니 설명을 해야 해요.

나는 화가가 되려는 꿈을 접고 비행기 조종법을 배워 세계 여기저기를 날아다녔어요.

사막에서 만난 어린 왕자

사막 : 강수량이 적어서 식생이 보이지 않거나 적고, 인간의 활동도 제약되는 지역

사하라 사막에서 비행기가 고장 났을 때 사막 한가운데서 혼자 비행기를

사하라 : 아프리카 북부의 대부분, 홍해 연안에서 대서양 해안까지 이르는 세계 최대의 사막

고쳐야 했어요. 첫날 밤, 외롭게 혼자 잠을 자고 눈을 뜨니, 이상하게 생긴 조그만 사내아이가 심각한 얼굴로 나를 바라보면서 양 한 마리만 그려 달라고 했어요.

종이와 만년필을 꺼내 속이 보이지 않는 보아구렁이를 그려 주었는데 아이의 말을 듣고 나는 깜짝 놀랐어요.

"보아구렁이에게 잡아먹힌 코끼리는 싫어. 보아구렁이는 위험하고, 코끼리는 너무 커. 내가 사는 곳은 아주 작단 말이야."

나는 할 수 없이 양을 그려 주었어요.

"싫어! 이 양은 병들었잖아. 금방 죽을 것 같아."

나는 다시 그렸더니 아이는 상냥하게 웃으며 말했어요.

"이건 양이 아니라 염소야. 뿔이 났잖아."

그래서 또 하나를 그려 주었어요.

"이건 너무 늙었어. 나는 오래 살 수 있는 양이 필요해."

나는 비행기를 수리해야 해서 대충 그림을 그려 주었어요.

수리 : 고장 나거나 허름한 데를 손보아 고침

"이건 상자야. 네가 갖고 싶어 하는 양은 이 속에 있단다."

그러자 뜻밖에도 아이의 얼굴이 환해졌어요.

"바로 이거야! 그런데 이 양, 풀을 많이 먹어?"

"왜?"

"내가 사는 곳은 아주 작거든."

"걱정 마, 이 양은 아주 작으니까."

아이는 그림을 자세히 들여다보았어요.

"그렇게 작지도 않은 걸? 어? 양이 잠들었네."

이렇게 해서 나는 어린 왕자를 알게 되었어요.

어린 왕자의 별

어린 왕자가 어디에서 왔는지 아는데 오랜 시간이 걸렸어요. 내 비행기를 보고 어린 왕자가 어떤 물건이냐고 물었어요.

"그건 물건이 아니야. 비행기야. 하늘을 날 수 있지."

내가 말했더니 어린 왕자는 깜짝 놀라며 소리를 질렀어요.

"아저씨도 하늘에서 왔구나! 어느 별에서 왔어?"

그 순간 나는 어린 왕자의 정체를 알 것 같아, 너는 어느 별에서 왔냐고 물었어요. 그러나 어린 왕자는 대답도 하지 않고, 그려준 양 그림을 꺼내 소중한 보물을 대하듯 열심히 들여다보았어요.

"다행히 아저씨가 그려준 상자에서 밤에 잠들 수 있을 거야."

"그거 잘 됐구나. 네가 말 잘 들으면 고삐도 그려 주고 낮에는 양을 매어 놓을 수 있게 땅에 박을 말뚝도 그려 줄게."

고삐 : 말이나 소를 몰거나 부리려고 재갈이나 코뚜레, 굴레에 잡아매는 줄

말뚝 : 땅에 두드려 박는 기둥이나 몽둥이

"양을 매어 놓으라고? 참 이상한 생각이네."

"매어 놓지 않으면 돌아다니다가 길을 잃을 거야."

어린 왕자는 재미있다는 듯이 웃었어요.

"괜찮아, 내가 사는 곳은 아주 작은 걸."

그리고 조금 슬픈 표정이 되었어요.

"곧장 앞으로 가 보았자 멀리 갈 수도 없어."

이렇게 해서 새로운 사실을 알게 되었는데, 그건 어린 왕자가 살고 있는 별이 집 한 채보다 클까 말까 하다는 거예요. 우주에 어떤 별은 너무 작아 망원경으로도 안 보여서 천문학자가 그런 별을 발견하면 이름 대신 번호를 붙여요. 예를 들면 '소행성 325호'라는 식이죠. 나는 어린 왕자가 살던 별이 '소행성 B612호'라고 생각해요. 그 이유는 1909년에 터키의 어느 천문학자의 망원경에 그 행성이 잡힌 적이 있었어요.

바오밥나무 : 판자과의 낙엽 교목. 높이는 20미터, 둘레는 10미터 정도이며, 잎은 어긋나고 긴 손바닥 모양이다. 꽃은 흰색이고, 열매는 수세미와 비슷하며 단단하고 잔털이 빽빽이 덮여 있다. 열매는 식용하거나 약용하고 껍질의 섬유로는 직물을 짠다. 아프리카 특산종으로 열대의 진귀한 나무이다

무시무시한 바오밥나무

사흘째 되던 날, 바오밥나무에 대해서 듣게 되었는데, 어린 왕자는 근심스러운 표정으로 양이 작은 나무를 먹는다는 게 사실이냐고 나에게 물었어요.

근심 : 해결되지 않은 일 때문에 속을 태우거나 우울해함

"그럼, 바오밥나무도 먹겠네?"

바오밥나무는 교회 건물만큼이나 커서 코끼리 떼가 와서 먹어도 다 먹지 못할 거라고 말하자 깔깔 웃었어요.

"그럼, 내 별은 작아서 코끼리를 차곡차곡 포개 놓아야겠네?"

그러면서 어린 왕자가 어른스럽게 말했어요.

"커다란 바오밥나무도 새싹 때는 아주 조그마해."

"그건 그래. 그런데 왜 양이 바오밥나무 싹을 먹길 바라니?"

어린 왕자는 '아이 참!' 하며 당연한 것을 묻는다는 듯 대답하지 않아, 나는 혼자서 알아내야 했어요. 새싹이 장미나무 같이 좋은 씨앗의 싹이라면 자라게 두어야 해요. 하지만 어린 왕자의 별에 있는 무서운 바오밥나무의 새싹은 그렇지가 않아요.

나흘째 되는 날 아침, 어린 왕자의 조그만 별에서는 해 지는 것을 보고 의자를 몇 발자국 뒤로 옮겨 놓으면 또 해 지는 것을 볼 수 있다는 것을 알게 되었어요.

"언젠가 해가 지는 모습을 하루에 마흔 네 번이나 보았어."

어린 왕자는 그렇게 말하더니 덧붙여 말했어요.

"아저씨도 알 거야. 많이 울고 싶을 때는 해 지는 모습이 보고 싶어진다는 걸……."

"해지는 것을 마흔 네 번이나 보았다니 무척 슬펐구나."

어린 왕자는 아무 대답도 하지 않았어요.

양이 꽃을 먹어버린다면?

닷새째 되던 날, 어린 왕자가 양이 가시가 있는 꽃도 먹느냐고 물었어요. 그렇다고 하자, 가시는 왜 있냐고 또 물었을 땐 귀찮아져서 가시는 아무짝에도 쓸모가 없다고 대답했어요.

"거짓말! 꽃들은 연약해서 가시를 자신을 지키는 무기라고 믿고 있어. 정말 그렇게 생각해? 꽃들이……."

어린 왕자는 화가 나서 얼굴이 창백해졌어요.

창백: 얼굴빛이나 살빛이 핏기가 없고 푸른 기가 돌 만큼 해쓱함

"내 별에는 나에게 소중한 꽃이 한 송이 있는데, 그 꽃을 어느 양이 먹어 버려도 중요하지 않단 말이야?"

어린 왕자는 더 이상 말을 잇지 못하고 울기 시작했어요.

"네가 사랑하는 꽃을 위해 양에게 입마개를 그려 주고 울타리를 그려 줄게. 그러면 아무도 들어가지 못할 거야. 또……."

어린 왕자의 별에는 꽃잎이 한 겹뿐인 아주 조그마한 꽃이 피었는데, 어느 날 아침 피어나더니 하품을 하며 말했어요.

"아, 졸려. 어머, 미안해요. 아직 머리도 안 빗었는데……."

어린 왕자가 아름답다고 하자, 해님과 같이 태어났다고 하면서 아침식사 시간이니 먹을 것 좀 달라, 바람이 부니까 바람막이 좀 해 달라, 추우니 유리 덮개를 씌워 달라는 등 많은 요구를 했어요. 어린 왕자는 겸손하지 않다고 생각하면서도 다 들어 주었어요.

겸손: 남을 존중하고 자기를 내세우지 않는 태도가 있음

철새를 따라 어린 왕자가 그의 별을 떠났다고 생각해요. 어린 왕자는 자기가 살던 별을 떠나면서 불을 뿜는 화산의 구멍도 깨끗이 청소하고 바오밥나무의 싹들도 슬픈 마음으로 뽑아냈지요. 마지막으로 꽃에 물을 주고 유리덮개를 씌워 주려는 순간 눈물이 쏟아지려 했어요. 꽃도 우는 모습을 어린 왕자에게 보이고 싶지 않았어요.

명령하는 임금님

어린 왕자가 찾아간 첫 번째 별에는 임금님이 살았어요. 잠비 털이 달린 붉은 옷을 입고 긴 의자에 앉아 '신하가 한 사람 왔구나.'라는 말에 어린 왕자는 고개를 갸우뚱했어요.

신하 : 임금을 섬기어 벼슬하는 사람

임금님은 이제야 누군가의 임금 노릇을 하게 되어 무척이나 반가웠어요. 서 있기만 하다가 피곤해서 하품을 하자 임금님이 말했어요.

"무례하구나! 왕 앞에서 하품하는 것을 금하노라."

무례 : 태도나 말에 예의가 없음

"참을 수 없었어요. 저는 여행을 하느라 잠을 못 잤거든요."

"그래? 그럼 하품을 하도록 명령하노라."

"그렇게 명령하시니까 이젠 겁이 나서 하품이 안 나와요."

"어흠! 다시 명령하노라. 하품을 하고 싶을 때 하여라."

"모든 별들은 항상 임금님의 명령에 따르나요?"

"물론이지. 나는 명령을 어기는 것을 용서하지 않노라."

"임금님, 해님에게 빨리 지라고 명령해 소원을 들어 주세요."

"내가 장군에게 갈매기가 되라고 명령했는데 장군이 따르지 않았다면 나와 장군 가운데 누가 잘못이겠느냐?"

"당연히 임금님이 잘못한 것이지요."

"그렇지. 그 사람이 할 수 있는 것을 명령해야 하느니라."

"여기에서는 일이 없군요. 이제 그만 떠나겠어요."

임금님은 어린 왕자를 신하로 삼고 싶어 붙잡으려 했어요.

"지켜지기를 원하신다면 1분 안에 떠나라고 명령해 주세요."

임금님은 망설이다 어린 왕자가 발길을 옮기자 서둘러 소리쳤어요.

대사 : 나라를 대표하여 다른 나라에 파견되어 외교를 맡아보는 최고 직급

"과인은 그대를 대사로 임명한다. 자, 곧 떠나도록 하여라."

과인 : 임금이 자기를 낮추어 이르던 말

어린 왕자는 여행을 계속하면서 속으로 생각했어요.

'어른들은 정말 이상해.'

존경받기를 좋아하는 사람과 술꾼

두 번째 별에는 자기가 대단히 잘났다고 믿는 사람이 살고 있었어요. 인사를 하며 이상한 모자를 썼다고 말했어요.

"응, 이 모자는 나에게 박수를 치는 사람에게 답례를 하기 위해 썼는데 안타깝게도 이곳을 지나가는 사람이 없어."

답례 : 말, 동작, 물건 따위로 남에게서 받은 예(禮)를 도로 갚음. 또는 그 예

어린 왕자는 무슨 말인지 알아들을 수가 없었어요. 손뼉을 짝짝 치자 존경받기를 좋아하는 사람이 모자를 벗어 들어 올리며 고개 숙여 답례를 했어요.

존경 : 남의 인격, 사상, 행위 따위를 받들어 공경함

"임금님을 방문했을 때보다 더 재밌는 걸."

그렇게 5분 동안이나 박수치는 놀이를 하니 싫증이 났어요.

"넌 정말 나를 존경하니?"

존경받기를 좋아하는 사람이 어린 왕자에게 물었어요.

"존경이 뭐예요?"

"존경은 내가 이 별에서 가장 잘생겼고, 가장 좋은 옷을 입고, 가장 부자이고, 가장 똑똑한 사람이라고 생각하는 거야. 나를 기쁘게 해 다오. 나를 존경해 줘."

다음 별에서 술꾼과 만나자 어린 왕자는 몹시 슬펐어요.

"아저씨, 거기서 뭘 하고 계세요?"

술 취한 술꾼에게 술을 왜 마시냐고 어린 왕자가 물었어요.

"부끄러운 걸 잊어버리기 위해서 마신단다."

술꾼은 고개를 푹 숙이고 대답했어요.

"무엇이 부끄러운데요?"

"내가 이렇게 술을 마시는 것이 부끄럽단다."

어린 왕자는 어쩔 수 없이 그 별을 떠났어요.

바쁜 사업가와 가로등을 켜는 사람

네 번째 별에는 바쁜 사업가가 살고 있었어요.

"셋에 둘을 더하면 다섯. 담뱃불 붙일 시간 없어. 5억이군."

"억이라니, 무엇이 5억이죠?"

"게으름뱅이를 공상에 잠기게 하는 반짝반짝 빛나는 별이야."

공상 : 현실적이지 못하거나 실현될 가망이 없는 것을 막연히 그리어 봄. 또는 그런 생각

"그런데 아저씨는 5억 개의 별들을 가지고 뭘 하시나요."

"부자가 되는 데 쓰지."

"부자는 왜 되시려는 거죠?"

"새로운 별을 발견하면 그걸 살 수 있지."

"아저씨는 별들을 사서 무엇을 하는데요?"

"얼마나 가지고 있나 세어 본단다. 이건 무척 중요한 일이야."

어린 왕자는 중요한 일은 아니라 생각해 곧 그 별을 떠났어요.

다섯 번째 별은 작아서, 아무도 없는 별의 가로등에 왜 불을 켜는 사람이 필요한지 알 수가 없었어요.

"안녕하세요? 아저씨, 왜 방금 가로등을 끄셨어요?"

"명령이란다. 좋은 아침이구나, 안녕!"

"그런데 왜 다시 불을 켰어요?"

"명령이니까."

"무슨 말인지 전혀 모르겠어요."

"이 일은 정말 힘이 들어. 옛날에는 아침에 불을 끄고 저녁이면 다시 불을 켰는데……. 이젠 1분에 한 번 해가 떴다 지기 때문에 가로등도 1분에 한 번 껐다 켰다 해야 한단다."

무시 : 사람을 깔보거나 업신여김

'저 사람은 임금님이나 허영심 많은 사람, 술꾼이나 사업가에게 무시를 당할 거야. 그렇지만 저 사람이 하는 일이 우습게 보이진 않아.'

허영심 : 자기의 지식이나 경제적 능력에 어울리지 않게 겉만 화려하게 꾸미는 마음

어린 왕자는 안타까운 마음으로 한숨을 내쉬었어요.

여섯 번째 별, 지리학자의 별

가로등을 켜는 사람이 사는 별보다 열배는 더 커 보이는 여섯 번째 별에는 늙은 신사가 두꺼운 책을 쓰며 살았어요. 어린 왕자를 보자 무척 반가워했어요.

"이 두꺼운 책은 뭐죠? 여기서 뭘 하고 계세요?"

"나는 지리학자란다."

"지리학자가 뭐예요?"

"어디에 바다, 강, 산, 사막이 있는지를 알아내는 학자란다."

지리학자의 별은 이제껏 보지 못한 아주 아름다운 별이었어요. 그리고 쓸모 있는 일을 하고 있다고 생각했어요. 지리학자에게 바다가 어디 있냐고 물었을 때 모르겠다고 하자 어린 왕자가 이상해 했어요.

이상: 정상적인 상태와 다름

"그렇지. 하지만 나는 탐험가가 아니고 연구실에서 탐험가들을 만나 그들이 여러 가지 보고한 내용을 적을 뿐이야."

연구실: 어떤 연구를 전문으로 하기 위하여 학교나 기관에 설치한 기관이나 방

탐험가: 위험을 무릅쓰고 어떤 곳을 찾아가서 살펴보고 조사하는 일을 전문으로 하는 사람

문득, 무엇이 생각 난 듯이 지리학자가 큰 소리로 말했어요.

"참, 너도 멀리서 왔으니 너의 별을 이야기해다오."

지리학자는 두꺼운 책을 펴고 연필을 깎았어요.

"자, 이야기를 들려주렴."

"제 별은 작고 조그만 화산도 있고 꽃도 한 송이 있어요."

"우린 꽃에 대해서는 쓰지 않아."

"왜요? 무척 아름다운 꽃인데요."

어린 왕자는 슬퍼졌고 처음으로 그 꽃이 보고 싶어졌어요.

"저는 이제 어느 별을 구경하는 게 좋을까요?"

"지구라는 별에 가 보렴. 그 별은 무척 아름답단다."

어린 왕자는 먼 곳에 두고 온 꽃을 생각하며 길을 떠났어요.

일곱 번째 별, 지구

　일곱 번째로 찾은 지구는 이제까지의 별들과는 달랐어요. 111명의 임금님과 7천 명의 지리학자와 90만 명의 술꾼, 3억 1,100만명의 존경받기를 좋아하는 사람……. 이 정도면 지구가 얼마나 큰지 짐작할 수 있을 거예요.

　어린 왕자가 인사를 하자 뱀이 몸을 길게 펴며 인사했어요. 어린 왕자가 여기가 어디냐고 물었어요. 이 별은 지구이고, 이곳은 아프리카라고 뱀이 대답했어요.

　"아, 그렇구나. 그런데 이 지구에는 사람이 살지 않니?"

　"이곳은 사막으로 사람이 살지 않아. 지구는 굉장히 커."

　어린 왕자는 바위 위에 앉아 하늘을 쳐다보았어요.

　"저게 내 별이야, 저 멀리 내 머리 위에서 반짝이는 별이야."

　"아름다운 별이구나. 그런데 여긴 왜 왔니?"

　"응, 내 별에 있는 꽃이랑 다투었어."

　어린 왕자가 뱀에게 손가락처럼 가늘고 길게 생겨 이상하다고 말했어요. 그러자 뱀은 임금님 손가락보다 힘이 세고 무섭기 때문에 누구나 먼 곳으로 데려갈 수 있다고 했어요.

　"내가 물면 누구든 자기가 나왔던 땅으로 다시 돌아간단다."

　어린 왕자는 아무런 대꾸도 하지 않았어요.

　"네가 불쌍해. 연약해 보이는 몸으로 지구에 서 있으니……. 네가 살던 별에 돌아가고 싶거든 날 찾아오렴. 도와줄게."

　"그래, 알았어. 그런데 너는 왜 수수께끼 같은 말만 하니?"

수수께끼 : 어떤 사물에 대하여 바로 말하지 아니하고 빗대어 말하여 알아맞히는 놀이

　"나는 모든 것을 해결할 수 있거든."

해결 : 제기된 문제를 해명하거나 얽힌 일을 잘 처리함

　뱀이 말했어요. 그리고 둘은 잠시 말을 하지 않았어요.

흔한 장미꽃

어린 왕자는 사막을 오래도록 걸을 동안 만난 것이라고는 꽃잎이 석 장밖에 없는 볼품없는 꽃 한 송이였어요.

어린 왕자는 꽃과 인사하며 사람들이 어디 있냐고 물었어요.

"언젠가 본 적은 있는데 어디로 가야 만날 수 있는지 몰라."

"그렇구나, 알았어. 그럼 잘 있어."

어린 왕자가 인사를 하자 꽃도 '잘가'라고 인사를 했어요.

어린 왕자는 높은 산으로 올라갔어요. 높은 산에서 내려다보면 이 별 전체를 한 눈에 볼 수 있을 거라고 생각했지만, 뾰족뾰족한 산봉우리 외에는 아무것도 볼 수가 없었어요.

어린 왕자는 큰 소리로 '안녕'이라고 외쳐 보았어요.

메아리가 대답했어요.
메아리 : 울려 퍼져 가던 소리가 산이나 절벽 같은 데에 부딪쳐 되울려오는 소리

어린 왕자가 '누구세요'라고 물었더니 메아리가 대답했어요.

어린 왕자는 지구는 참 이상한 별이라고 생각했어요.

'모든 게 메마르고 뾰족뾰족하고 거칠어. 사람들은 남이 말하는 걸 흉내만 내잖아. 내 꽃은 먼저 말을 걸어 주었는데.'

어린 왕자는 오랫동안 사막을 걷다가 길을 발견했어요.

어린 왕자가 인사를 나눈 정원의 꽃들이 별에 두고 온 꽃과 꼭 닮아서 깜짝 놀랐어요. 너희들은 누구냐고 물었더니 장미꽃이라고 대답해, 별에 두고 온 꽃이 생각나 슬퍼졌어요.

"나처럼 생긴 꽃은 이 세상에 없어요."

그런데 이 정원에는 똑같은 꽃이 5천 송이나 피어 있었어요.

어린 왕자는 생각했어요.

'내 꽃은 세상에 단 하나뿐인 소중한 꽃인 줄 알고 있는데, 알고 보니 그저 흔한 장미꽃일 뿐이잖아.'

어린 왕자는 풀밭에 엎드려 엉엉 울었어요.

여우와 친해진 어린 왕자

그때 여우가 나타나 인사했어요.

"난 여우야."

"나와 놀지 않을래? 나는 지금 너무 슬프단다."

"나는 너와 함께 놀 수 없어. 나는 길들여지지 않았거든."

"'길들여진다'는 게 무슨 뜻이니?"

길들여진다 : 어떤 일에 익숙하게 된다

"그건 '관계를 만든다'는 뜻이야. 넌 나에게 아직은 많은 다른 소년들과

관계 : 둘 이상의 사람, 사물, 현상 따위가 서로 관련을 맺거나 관련이 있음

다를 바 없는 한 소년일 뿐이야. 너에게 나는 다른 여우들과 다를 바 없는 여우 한 마리일 거야. 그렇지만 만약 네가 날 길들인다면 너는 나에게 이 세상에서 단 하나뿐인 존재가 되는 거고, 나도 너에게 세상에서 유일한 존재가 되는 거야."

어린 왕자와 여우는 많은 이야기를 나누는 동안 친구가 되었어요. 어린 왕자가 떠나려고 하자 여우가 슬픈 목소리로 말했어요.

"장미꽃들에게 다시 찾아가 봐. 그러면 수많은 꽃들 가운데 네 꽃이 세상에서 단 하나밖에 없는 소중한 꽃이라는 걸 알게 될 거야. 그리고 돌아와서 내게 작별 인사를 하면 선물로 비밀 하나를 가르쳐 줄게."

어린 왕자는 여우의 말대로 장미꽃들에게 가서 말했어요.

"너희는 아름다워. 하지만 너희들은 아직 길들여지지 않았어. 나와 친구가 되기 전의 여우처럼 말이야. 내 꽃은 나한테는 너희 모두보다 훨씬 소중해. 왜냐하면 내가 소중히 돌봤기 때문이야. 물도 주고, 유리덮개도 씌워주고, 바람막이도 세워 주고, 또 벌레도 잡아 주었지."

어린 왕자는 다시 여우가 있는 곳으로 가서 작별인사를 했어요.

"그래 잘 가, 이제 그 비밀을 가르쳐 줄게. 무엇이든 마음으로 보아야 잘 보인다. 가장 중요한 것은 눈에 잘 보이지 않는 법이거든. 그리고 네가 길들인 것에 대해서는 영원히 책임을 져야 해."

책임 : 맡아서 해야 할 임무나 의무

'그럼 나는 나의 장미꽃에 대해 책임이 있다.'

어린 왕자는 잊지 않으려고 다시 한 번 되풀이했습니다.

철도역의 전철수와 약장수
전철수 : 철도를 조작하는 일을 하는 사람

신호 : 일정한 부호, 표지, 소리, 몸짓 따위로 특정한 내용 또는 정보를 전달하거나 지시를 함. 또는 그렇게 하는 데 쓰는 부호

"아저씨, 여기서 뭘 하세요?"
"사람들이 탄 기차를 오른쪽과 왼쪽으로 가도록 신호를 해 주고 있어."
그때 불을 환하게 켠 급행열차가 천둥 같은 소리를 내며 지나갔어요.
"모두들 무척 바쁘군요."
또다시 불을 환하게 밝힌 급행열차가 요란한 소리와 함께 지나갔어요.
"첫 번째 열차에 타고 있는 손님들을 뒤쫓아 가는 건가요?"
"아니, 사람들은 기차 안에서 잠을 자거나 하품을 하고 있을 거야. 아이들만이 유리창에 코를 납작하게 붙이고 밖을 내다보고 있겠지."
"그건 그래요."
장사꾼이 목이 마를 때 갈증을 없애주는 신비한 알약을 팔고 있었어요. 일주일에 한 알씩만 먹으면 물을 마실 필요가 없는 약이었어요.

갈증 : 목이 말라 물을 마시고 싶은 느낌

"아저씨, 왜 그런 약을 팔아요?"
어린 왕자가 물었어요.
"물 마시는 시간을 절약해 주기 때문이란다."
"절약한 시간으로는 무엇을 하나요?"
"자기가 하고 싶은 다른 일들을 해."
어린 왕자는 장사꾼과 생각이 달랐어요.
"지금 내게 시간이 있다면 신선한 물이 있는 샘으로 걸어갈 텐데……."

샘 : 물이 땅에서 솟아 나오는 곳 또는 그 물

어린 왕자와 비행기 조종사

우물 : 물을 긷기 위하여 땅을 파서 지하수를 괴게 한 곳. 또는 그런 시설

여드레째 되는 날, 나는 어린 왕자와 함께 우물을 찾아 나섰어요. 몇 시간을 걷다보니 어느덧 날이 밝아 마침내 우물을 발견했어요.
"이상하지? 이 우물은 도르래, 두레박, 두레박줄까지 있어."

두레박 : 줄을 길게 달아 우물물을 퍼 올리는 데 쓰는 도구. 바가지나 판자 또는 양철 따위로 만든다

"아저씨, 들리지? 우물이 잠에서 깨어 노래를 부르고 있어."

어린 왕자는 웃으면서 두레박줄을 잡아 당겼어요.

"아저씨, 물을 좀 줘, 물이 마시고 싶어."

두레박을 어린 왕자의 입에 대 주자 눈을 감고 물을 맛있게 마셨어요. 나도 그제야 물을 마시고 기운을 차렸어요.

"아저씨, 나와 한 약속 잊지 않았지?"

"무슨 약속?"

"내 양에게 입마개를 씌워 준다고 했잖아."

그래서 나는 연필과 종이를 꺼내 양에게 씌울 입마개를 그렸어요. 그 그림을 건네주면서 나는 마음이 아팠어요.

"내가 지구에 온 지 내일이면 꼭 1년이야. 바로 이 근처지."

어린 왕자의 말을 듣고 나는 알 수 없는 슬픔에 휩싸였어요.

"그럼, 일주일 전 너를 만난 건 우연이 아니었구나. 사막에 혼자 걷고 있었던 것은 처음 왔던 곳을 찾으려는 거였지?"

우연 : 아무런 인과 관계가 없이 뜻하지 아니하게 일어난 일

어린 왕자가 대답 대신 얼굴이 붉어진 건 그렇다는 뜻일 거예요.

"아! 난 어쩐지 두려워지는구나."

"아저씨는 이제 일을 해야지. 비행기가 있는 곳으로 가. 난 여기서 기다리고 있을게. 내일 저녁에 다시 와."

그러나 나는 마음이 놓이지 않았어요.

문득 여우가 생각났는데 정말 길들여지면 울 일이 생길지도 모를 일이에요.

노란 뱀의 독

다음날 저녁, 어린 왕자가 우물 옆 돌담 위에서 다리를 늘어뜨리고 앉아 있었어요. 사람의 목숨을 앗아갈 수 있는 노란 뱀 한 마리가 어린 왕자를 향해 머리를 치켜들고 있는 것을 보고 깜짝 놀랐어요. 뱀은 나를 보고 모

래 속으로 스르르 사라졌어요. 어린 왕자가 돌담 아래로 뛰어내려 나는 두 팔로 받아 안았어요.

어린 왕자는 아저씨가 비행기를 고쳐 집에 돌아갈 수 있게 돼서 기쁘다고 하였어요. 어린 왕자도 오늘 집으로 돌아가는데 아주 멀고 힘들다고 했어요.

무언가 이상한 일이 일어나고 있는 것이 틀림없었어요.

"오늘 밤이 지구에 온 지 1년이야. 내 별이 그 자리에 오게 돼."

그러고는 밝게 웃었어요.

"나는 네 웃음소리가 좋아."

"그게 바로 내 선물이야. 아저씨가 밤에 하늘을 바라보면, 내가 웃고 있을 테니까. 모든 별이 아저씨에게 웃는 것처럼 보일 거야. 아저씨는 웃을 줄 아는 별들을 가지게 되는 거야."

그날 밤, 내가 어린 왕자를 뒤쫓아 갔을 때, 어린 왕자는 빠른 걸음으로 어디론가 가고 있었어요.

어린 왕자가 나를 보고 이렇게 말했어요.

"아저씨구나. 아저씨가 오지 않는 게 좋았을 텐데……, 이제 나는 쓰러질 거야. 하지만 그건 죽는 게 아니야."

어린 왕자가 한걸음 앞으로 나가자 발목에서 노란 빛이 반짝하고 빛났어요. 노란 뱀이었어요. 어린 왕자는 소리도 지르지 않고 잠시 서 있었어요. 그리고 한 그루의 나무가 쓰러지듯 모래밭에 조용히 쓰러졌어요.

내 친구 어린 왕자

벌써 6년 전의 일인데, 나는 그동안 아무에게도 이 이야기를 하지 않았답니다. 나는 어린 왕자가 보고 싶어 몹시 슬펐지만 내 친구들에게는 피곤해서 슬퍼 보이는 거라고 말했어요. 나는 어린 왕자가 자기 별로 갔다는 사실을 알고 있어요. 날이 밝았을 때 어디에도 어린 왕자의 모습은 보이지 않

피곤 : 몸이나 마음이 지치어 고달픔

앉으니까요. 나는 그 후로 밤이 되면 가끔씩 밤하늘에 귀를 기울여요. 밤하늘은 마치 별들이 5억 개의 방울 소리를 내며 웃고 있는 것 같답니다. 그런데 한 가지 제가 잊은 것이 있어요. 아직 양의 입마개에 가죽 끈을 그려 주지 않았어요. 그게 없으면 양에게 입마개를 맬 수 없는데 말이에요. 그래서 나는 '과연 양이 꽃을 먹었을까?' 궁금하긴 해요. 어린 왕자가 양을 잘 지키고 있다고 생각하면, 별들이 모두 방울 소리를 내며 웃고 있는 것 같답니다. 반대로 양이 꽃을 먹었다고 생각하면, 별들이 모두 눈물방울로 보이지요. 그것은 정말 커다란 수수께끼예요. 여러분이 언제고 아프리카 사막을 여행할 때, 별빛 밑에서 한 어린 아이가 여러분에게 다가오면…… 그가 웃고 있고 머리 빛깔이 금빛이면…… 그리고 묻는 말에 대답을 하지 않는다면, 여러분도 그가 누구인지 알아챌 수 있을 거예요. 그러면 슬픔에 잠겨 있는 나에게 편지를 써 주세요. 어린 왕자가 돌아왔다고…….

1. 비행기 조종사가 제일 처음 되고 싶었던 꿈은 무엇이었나요?

2. 어린 왕자는 사막에서 만난 비행기 조종사에게 무엇을 부탁하였나요?

3. 어린 왕자가 지구에 오기 전에 찾아간 별에서 만난 사람들을 적어 보세요.

4. 어린 왕자가 다녀온 별 중 아름답고 쓸모 있는 일을 하고 있다고 느낀 것은 어느 별의 누구인가요?

1 '내 장미꽃이 이렇게 흔한 장미꽃일 뿐이었다니…….'

'내 꽃은 세상에 단 하나뿐인 소중한 꽃인 줄 알고 있는데, 알고 보니 그저 흔한 장미꽃일 뿐이잖아.'
어린 왕자는 풀밭에 엎드려 엉엉 울었어요.

여우가 되어 어린 왕자를 위로하는 말을 적어 보세요.

....

....

2 '자신의 별로 돌아가는 어린 왕자'

지구에 온 지 1년이 된 날, 어린 왕자가 한걸음 앞으로 나가자 발목에서 노란 빛이 반짝 하고 빛났어요. 노란 뱀이었어요. 어린 왕자는 소리도 지르지 않고 잠시 서 있었어요. 그리고 한 그루의 나무가 쓰러지듯 모래밭에 조용히 쓰러졌어요.

어린 왕자가 되어 노란 뱀에게 물린 뒤 자신의 별로 돌아가면서, 지구인인 우리에게 하고 싶은 말을 적어 보세요.

....

....

....

1 어린 왕자는 처음엔 장미꽃의 소중함을 몰랐다가 서서히 깨닫게 됩니다. 여러분도 처음엔 몰랐다가 나중에 그 소중함을 깨달은 경험이나 알고 있는 이야기를 써 보고 친구들 앞에서 발표해 보세요.

2 어린 왕자가 만난 철도에서 일하는 사람은 "자기가 사는 곳에 만족해하는 사람은 아무도 없다."고 말합니다. 여러분은 어떤 곳에서 살고 싶은지 상상하여 적어 보세요.

만약, 내가 사막에서 혼자 남게 된다면 어떤 일이 벌어질지 상상하여 그림으로 그려 보고 설명하는 글을 적어 보세요.

만년샤쓰

🌱 그동안 읽은 책에 나왔던 등장인물을 생각하면서, 그 인물이 어떤 종류의 인물인지 꽃 안에 적어 보세요. (동물이나 식물도 가능함)

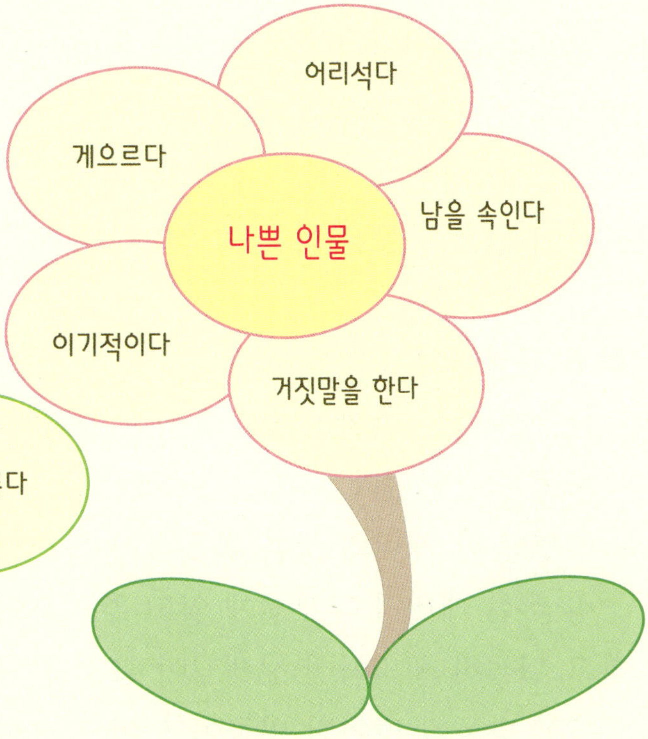

나쁜 인물: 어리석다, 게으르다, 남을 속인다, 이기적이다, 거짓말을 한다

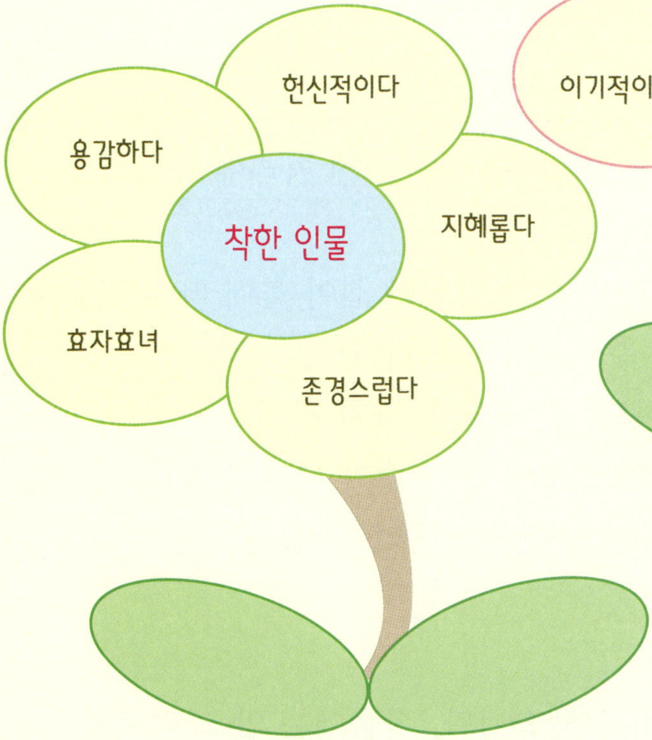

착한 인물: 헌신적이다, 용감하다, 지혜롭다, 효자효녀, 존경스럽다

구연동화를 QR로 확인하세요.

'만년샤쓰'는 우리나라 어린이 운동을 처음 시작하신 방정환 선생님의 동화입니다. 어려움 속에서도 용기와 희망을 잃지 않는 마음과 어려운 이웃을 생각하는 따뜻한 마음을 다짐하며 '만년샤쓰'를 읽어 봅시다.

만년샤쓰

생물 시간이었다.

"이 없는 동물이 무엇인지 아는가?"

선생님이 두 번씩 물어도 손드는 학생이 없더니 별안간 '옛' 소리를 지르면서 손을 드는 사람이 있었다.

"응, 창남인가. 어디 말해 봐."

"이 없는 동물은 늙은 영감입니다."

영감 : 나이가 많아 중년이 지난 남자를 대접하여 이르는 말

"예에끼!"

하고 선생님이 소리를 질렀다.

반 학생들은 깔깔거리고 웃어도 창남이는 태평하게 자리에 앉았다.

태평 : 마음에 아무 근심 걱정이 없음

도덕 시간이었다.

"성냥 한 개비의 불을 잘못하여 동네의 삼십여 집이 불에 타 버렸으니, 성냥 한 개비라도 무섭게 알고 주의해야 하느니라."

하고 열심히 설명하신 선생님이 교실 문 밖도 나가기 전에,

"한 방울씩 떨어진 빗물이 모이고 모여 큰 홍수가 나는 것이니, 누구든지 콧물 한 방울이라도 무섭게 알고 주의해 흘려야 하느니라."

하고, 크게 소리친 학생이 있었다.

"누구야? 창남이가 또 그랬지?"

"예, 선생님이 안 계신 줄 알고 그랬습니다. 다음에는 안 그러지요."

하고, 병정같이 벌떡 일어서서 말한 것은 창남이었다.
병정: 병역에 복무하는 장정. 유사어는 군인

억지로 골 낸 얼굴을 지은 선생님은 기어이 다시 웃고 말았다. 그리고 아무 말없이 빙그레 웃고는 그냥 나가 버리셨다.
골: 비위에 거슬리거나 언짢은 일을 당하여 벌컥 내는 화

○○고등 보통 학교 1학년 갑 반 창남이는 반 중에서 제일 인기 좋은 쾌활한 소년이었다.
쾌활한: 명랑하고 활발하다

모자가 다 해졌어도 새 것을 사 쓰지 않고, 양복 바지가 해져서 궁둥이에 조각조각을 붙이고 다니는 것을 보면 집안이 구차한 것도 같지만, 그렇다고 단 한 번이라도 근심하는 빛이 있거나 남의 것을 부러워하는 눈치도 없었다.
해져서: 닳아서 떨어지다
구차한: 살림이 몹시 가난하다

남이 걱정이 있어 얼굴을 찡그릴 때에는 우스운 말을 잘 지어내고, 친구들이 곤란한 일이 있을 때에는 좋은 의견도 잘 꺼내 놓으므로 '비행사'라는 별명은 더욱 높아졌다.
곤란한: 사정이 몹시 딱하고 어렵다

연설을 잘하고 토론을 잘해서, 을 반하고 내기를 할 때에는 언제든지 창남이 혼자 나아가 이기는 셈이었다.

그러나 그의 집이 정말 가난한지 넉넉한지 아무도 아는 사람이 없었고, 또 그의 집이 어디인지 아는 사람이 없었다. 아무도 그가 가는 쪽으로 가는 학생이 없었고, 가끔 그의 뒤를 쫓아가 보려고도 했으나 모두 중간에서 실패를 하고 말았다. 왜냐하면 그는 이십 리 밖에서 학교를 다니기 때문이었다.

그는 다른 우스운 말은 가끔 하여도 자기 집안일이나 자기 신상에 대한 이야기는 말하는 법이 없었다. 그런 것을 보면 입이 무거운 편이었다.

그는 입과 같이 궁둥이가 무거워서 철봉틀에서는 잘 넘어가지 못하여 늘 체조 선생님께 흉을 잡혔다. 하교 한 후 학생들이 다 돌아간 다음에도 혼자 남아서 철봉틀에 매달려 땀을 흘리면서 혼자 연습을 하고 있는 것을 친구들이 가끔 보았다.

"야, 비행사가 하교 한 후 혼자 남아서 철봉 연습을 하고 있더라."

"땀을 뻘뻘 흘리면서 혼자 애를 쓰더라."

"그래, 이제는 좀 넘어가던?"

"웬걸. 이백 번 넘도록 연습하면서도 혼자 못 넘어가더라."

"그래, 맨 나중에는 자기가 자기 손으로 그 누덕누덕 기운 궁둥이를 자꾸 때리면서 '궁둥이가 무거워'하면서 가더라!"

"자기가 자기 궁둥이를 때려?"

"그러게 괴짜지."

괴짜 : 괴상한 짓을 잘하는 사람을 속되게 이르는 말

"아하하 하하하."

몹시 추운 겨울이었다.

손에 입을 대고 호호 부는 이른 아침에 공부는 시작되었는데, 한 번도 결석한 일이 없는 창남이가 이 날은 오지 않았다.

"우와! 비행사가 결석을 하다니."

"어제 저녁 그 무서운 바람에 어디로 날아간 게지!"

"아마 병이 났나 보다. 감기가 든 게지!"

"이놈아, 능청스럽게 아는 체 마라."

1학년 갑 반은 창남이 소문으로 수군수군 야단이었다.

야단 : 매우 떠들썩하게 일을 벌이거나 부산하게 법석거림

첫째 시간이 반이나 넘어 지났을 때, 교실 문이 덜컥 열리면서 창남이가 얼굴이 새빨개 가지고 들어섰다.

학생과 선생님은 반가워 하면서 웃었다.

그리고 그들은 창남이가 신고 서 있는 구두를 보고 더욱 크게 웃었다. 그의 오른편 구두는 헝겊으로 싸매고, 또 새끼로 감아 매고, 또 그 위에 손수건으로 싸매고 하여 퉁퉁하기 짝이 없었다.

"창남아! 오늘은 웬 일로 늦었느냐?"

"예."

하고 창남이는 그 괴상하고 퉁퉁한 구두를 신은 발을 번쩍 들고,

괴상 : 보통과 달리 괴이하고 이상함

"오다가 길에서 구두가 다 떨어져 너덜거리기에 새끼를 얻어서 고쳐 신

었는데, 또 너덜거리고 또 너덜거리고 해서, 여섯 번이나 제 손으로 고쳐 신고 오느라고 늦었습니다."

그리고도 창남이는 태평이었다.

그 시간이 끝나고 쉬는 동안에, 창남이는 그 구두를 벗어 들고 다 해져서 너덜거리는 구두 주둥이를 손수건과 대님짝으로 얌전하게 싸매어 신었다.

체조 시간이 되었다.

선생님이 호령을 하다가 그 괴상스러운 창남이의 구두를 보았다.

호령 : 부하나 동물 따위를 지휘하여 명령함

"한창남! 그 구두를 신고도 활동할 수 있나? 뻔뻔스럽게……."

"예. 얼마든지 할 수 있습니다. 이것 보십시오."

하고, 창남이는 시키지도 않은 뜀도 뛰어 보이고, 달음박질도 하여 보이고,

달음박질 : 급히 뛰어 달려감.

제자리 걸음도 부지런히 해 보였다.

체조 선생님도 어이가 없었던지,

"음! 상당히 치료해 신었군!"하고 말았다.

그리고는

"전열만 세 걸음 앞으로 갓!"

"전, 후열 모두 웃옷 벗어!"하고 다시 호령을 계속 하였다.

선생님의 명령이라 온 반 학생이 일제히 검은 양복 저고리를 벗어, 샤쓰만 입고 있었다. 선생님까지 벗었는데 단 한 사람 창남이만 벗지를 않고 그대로 서 있었다.

"한창남! 왜 웃옷을 안 벗니?"

창남이는 고개를 푹 숙이면서 얼굴이 빨개졌다. 그가 이러기는 처음이었다. 한참 동안 멈칫멈칫하다가 고개를 들고,

샤쓰 : 셔츠

"선생님, 만년샤쓰도 좋습니까?"

만년 : 오랜 세월

"무엇? 만년샤쓰? 만년샤쓰가 뭐야?"

"매 매 맨몸 말씀입니다."

체조 선생님은 후려갈길 듯이 그의 앞으로 뚜벅뚜벅 걸어가면서,

후려갈기다 : 채찍이나 주먹을 휘둘러 힘껏 치거나 때리다

"벗어라."
하고 호령하였다.
 창남이는 양복 저고리를 벗었다.
 그는 샤쓰도 적삼도 안 입은 벌거숭이 맨몸이었다.
　　　　　　적삼 : 윗도리에 입는 홑옷. 모양은 저고리와 같다
 선생님은 깜짝 놀랐고, 학생들은 깔깔 웃었다.

"한창남! 왜 샤쓰를 안 입었니?"

"없어서 못 입었습니다."

그때 선생님의 무섭던 눈에 눈물이 돌았다. 그리고 학생들의 웃음도 갑자기 없어졌다. 가난! 고생! 아아, 창남의 집은 그토록 구차하였던가……. 모두 생각하였다.

"창남아, 정말 샤쓰가 없니?"

"오늘과 내일만 없습니다. 모레는 인천에서 형님이 올라와 사 줍니다."

"응! 그럼 웃옷을 다시 입어라! 한창남은 오늘은 웃옷을 입고 해도 용서한다. 그리고 학생 제군에게 특별히 할 말이 있으니 제군들은 모두 한창남 군같이 용감한 사람이 되어라. 누구든지 샤쓰가 없으면 추운 것은 둘째요, 첫째 부끄러워서라도 학교에 오지 못할 것이다. 그런데 오늘같이 제일 추운 날 한창남 군은 샤쓰 없이 맨몸으로 학교에 왔단 말이다. 여기 섰는 제군 중에는 샤쓰를 둘씩 포개 입은 사람도 있을 것이요, 자켓에다 외투까지 입고 온 사람이 있지 않는가……. 물론 맨몸으로 나오는 것이 예의는 아니다. 그러나 그 용기와 의기가 좋단 말이다."

제군 : '여러분' 또는 '그대들'이라는 뜻으로, 주로 통솔자나 지도자가 손아랫사람이나 부하를 가리키는 말

의기 : 기세가 좋은 적극적인 마음

그 일이 있은 후로 비행사란 별명은 없어지고 만년샤쓰란 말이 온 학교에 퍼져서 만년샤쓰라고 부르게 되었다.

그 다음날, 창남이는 양복 웃 저고리에 바지는 어쨌는지, 얇고 뚫어진 한복 겹바지를 입고 양말도 안 신고 맨발에 짚신을 끌고 뚜벅뚜벅 걸어왔다.

"고아원 학생 같으니! 고아원 학생."

"밥 얻어 먹으러 다니는 아이 같구나."

하고 떠드는 학생들 틈을 헤치고 체조 선생님이 '무슨 일인가?' 하고 들여다보니까 창남이가 그 꼴이다. 선생님도 놀랐다.

"너, 양복 바지는 어쨌니?"

"없어서 못 입고 왔습니다."

"어째 그리 없어지느냐? 날마다 한 가지씩 없어진단 말이냐?"

"그저께 저녁에 바람이 몹시 불던 날 저희 동네에 큰 불이 나서, 저희 집도 반이나 넘게 탔어요. 그래서 모두 없어졌습니다."

듣기에 하도 딱해서 모두 혀끝을 찼다.

"양복 바지는 어제도 입고 있지 않았니? 불은 그 전날 났고?"

"저희 집은 반만 타서 세간도 더러 건졌지만 이웃집이 십여 채나 타 버려서 동네가 야단들이어요. 저는 어머니하고 단 두 식구만 있는데, 집은 반이라도 남았으니까 먹고 잘 것은 넉넉해요. 그런데 동네 사람들이 먹지도 못 하고, 자지도 못 하게 되었어요.

세간 : 집안 살림에 쓰는 온갖 물건

그래 저의 어머님께서는

"우리는 먹고 잘 수 있으니까 벌거벗은 것만 면하면 살 수 있으니, 두 식구가 당장에 입고 있을 옷 한 벌씩만 남기고는 모두 길거리에 떨고 있는 동네 사람에게 나눠주라고 하셔서, 어머니 옷, 제 옷을 모두 동네 어른들께 드렸습니다. 그리고 양복 바지는 제가 입고 주지 않고 있었는데 저의 옆집에 술 장수 하던 영감님이 병들어 하도 추워하시길래, 보기가 딱해서 어제 저녁에 마저 주고, 저는 가을에 입던 해진 겹바지를 꺼내 입었습니다."

겹바지 : 솜을 두지 않고 거죽과 안을 맞추어 겹으로 지은 바지

모든 학생들은 죽은 듯이 고요하고, 고개들이 말없이 수그러졌다. 선생님도 고개를 숙였다.

"그래 네가 입을 샤쓰와 양말까지 다 벗어 주었단 말이냐?"

"아니요. 양말과 샤쓰만은 한 벌씩 남겼었는데 저의 어머니가 입었던 옷을 모두 남에게 줘 놓고 추워서 벌벌 떠시길래, 제가 '어머니, 제 샤쓰라도 입으실래요?' 했더니, '네 샤쓰도 모두 남 주었는데 웬 것이 두 벌씩 남았겠니.' 하시기에 저는 제가 입고 있는 것 한 벌뿐이면서도, '예, 두 벌 남았으니 하나는 어머니 입으십시오.' 하고 입고 있던 것을 어저께 아침에 벗어 드렸습니다.

그러니까 '네가 먼 길에 학교 가기 추울 텐데 둘을 포개 입을 것을 그랬

구나.'하시면서 받으셨어요. 그리고 아주 발이 시려 하시면서 '애야, 창남아. 양말도 두 켤레가 있느냐?'하시기에 신고 있는 것 한 켤레였지만, '예, 두 켤레올시다. 하나는 어머니가 신으시지요.'하고 거짓말을 하고 신었던 것을 어제 저녁에 벗어 드렸습니다. 저는 그렇게 어머니께 거짓말을 하였습니다. 나쁜 일인 줄 알면서도 거짓말을 하였습니다. 오늘도 아침에 나올 때에 '애야, 오늘같이 추운 날 샤쓰를 하나만 입어서 춥겠구나. 양말을 잘 신고 가거라.'하시기에 맨몸, 맨발이면서도 '예, 샤쓰도 잘 입고 양말도 잘 신었으니까 춥지는 않습니다.'하고 속이고 왔어요. 저는 거짓말쟁이가 됐습니다."하고, 창남이는 고개를 숙였다.

"그러나 네가 거짓말을 하더라도 어머니께서는 너의 벌거벗은 가슴과 양말 없이 맨발로 짚신을 신은 것을 보시고 아실 것이 아니냐?"

"아아, 선생님……."

창남이의 소리는 우는 소리같이 떨렸다. 그리고 그의 수그린 얼굴에서 눈물 방울이 그의 짚신코에 떨어졌다.

코 : 버선이다 신 따위의 앞 끝이 오뚝하게 내민 부분

"저의 어머니는 제가 여덟 살 되던 해에 눈이 멀어서 앞을 보지도 못 하고 사신답니다."

체조 선생님의 얼굴에는 굵다란 눈물이 흘렀다.

와글와글 하던 그 많은 학생들도 자는 것 같이 고요하고, 훌쩍훌쩍 우는
와글와글 : 사람이나 벌레 따위가 한곳에 많이 모여 잇따라 떠들거나 움직이는 소리. 또는 그 모양
소리만 여기저기서 조용히 들렸다.

① 반에서 가장 인기 좋은 창남이의 성격은 어떤지 써 보세요.

- 창남이는 웃기는 말을 잘한다.
- 창남이는
- 창남이는

② 글을 읽고 인물의 성격을 파악할 수 있는 근거를 찾아 인물의 성격을 적어 보세요.

성격을 파악할 수 있는 근거	인물의 성격

③ 창남이는 어머니에게 어떤 거짓말을 했나요? 왜 거짓말을 했나요?

- 거짓말의 내용 :
- 거짓말을 한 이유 :

④ 체조 시간에 모든 학생들은 샤쓰만 입고 선생님까지 벗었는데 단 한 사람 창남이만 벗지 않은 이유는 무엇일까요?

1 '가난을 부끄러워 하지 않는 아이, 창남이'

> "추운 겨울에 샤쓰도 입지 않은 창남이는 얼마나 추웠을까? 하지만 창남이는 그런 가난 속에서도 늘 밝았단다."

 가난을 부끄러워하지 않고 늘 명랑하고 남을 즐겁게 해 주는 창남이에게 하고 싶은 말을 적어 보세요.

....

....

....

2 여러분이 실제의 주인공을 만난다면 어떤 인터뷰를 하고 싶은지 기자가 되어 주인공에게 물어보고 싶은 질문을 써 보고, 짝은 주인공이 되어 대답을 해 보세요.

기자와 인터뷰하기

- 기 자 :
- 주인공 :
- 기 자 :
- 주인공 :
- 기 자 :
- 주인공 :

1 창남이의 어떤 점을 가장 닮고 싶은가요? 그 이유가 무엇인지 써 보세요.

나는 창남이의 _____ 을 가장 닮고 싶어요.

그 이유는 _____

2 창남이는 수업 시간에 재미있는 말들을 많이 했어요. 그 가운데에서도 '맨몸'을 '만년샤쓰'라고 한 말은 아주 재미있는 표현입니다. 이처럼 사물이 갖는 특징을 어떤 사물에 빗대어 표현하는 것을 '비유법'이라고 해요. 창남이처럼 몸의 일부를 사물에 빗대어 표현해 보고 친구들의 생각도 들어 보세요.

- 손 ➡ (예) 만년 장갑
- 발 ➡
- 얼굴 ➡
- 머리 ➡
- 눈 ➡

3 가난을 부끄러워하지 않으며 용기 있고, 불쌍한 다른 사람을 돌볼 줄 아는 창남이가 자라서 어떻게 변할지 내가 작가가 되어 뒷이야기를 꾸며 써 보세요.

_____

_____

_____

글숲 여행을 마치며

나와 친한 친구, 재미있는 친구, 재주가 많은 친구 중 다른 사람에게 특별히 알리고 싶은 친구를 소개하는 글을 써 보세요.

내 친구 _____ 소개합니다.

16 사귀고 싶은 친구

 친구와 우정을 쌓을 수 있는 방법을 적어 보세요.

 나의 장점과 친구의 장점을 적어 보세요.

- 나의 장점
- 친구 (　　)의 장점

구연동화를 QR로 확인하세요.

인물의 삶과 내 생활을 관련지어 '사귀고 싶은 친구'를 읽어 봅시다.

사귀고 싶은 친구

4학년이 된 지도 벌써 한 달이 지났다. 난 학년마다 항상 단짝 친구가 있었다. 근데 요즘은 아직 그런 친구가 없다. 그래서 참 속상하다. 하지만 지금 4학년에도 꼭 사귀고 싶은 친구가 있다. 미희라는 아이인데 꼭 송아지를 닮았다. 미희는 언제나 샘솟는 샘물처럼 톡톡 튀는 생각으로 우리 반 여자 아이들의 유행을 만들어 간다.

단짝 : 서로 뜻이 맞거나 매우 친하여 늘 함께 어울리는 사이. 또는 그러한 친구

예를 들면 운동화 신발 끈도 두 가닥을 엇갈리게 해서 특이하게 묶는다. 또 어떤 때는 가르마를 지그재그로 타고 오기도 하고, 단순한 모양의 보통 운동화에 곰 인형 같은 액세서리를 달고 나타나기도 한다. 그런 미희의 행동은 금세 우리 반 여자 아이들 사이에 유행이 되어 퍼져 나간다.

미희는 공부면 공부, 운동이면 운동, 아무튼 못 하는 게 없다.

어디 그뿐인가! 미희는 디지몽도 잘 키운다. 똥도 잘 치워 주고, 밥도 잘 챙겨 주어 벌써 45살이나 된다고 한다. 아무튼 미희는 참 대단한 애다.

난 학기 초에 자기 소개를 하는 미희를 처음 보는 순간, 맘에 드는 아이로 점찍었다. 그때 미희는 부모님이 외국에서 공부하고 계셔서 할머니, 할아버지와 함께 살고 있다고 했다. 그 말을 하는 미희의 송아지 같은 두 눈망울은 약간 젖어들더니 한 번 껌뻑였는데, 그 모습이 나한테는 참 쓸쓸해 보였다.

쓸쓸 : 외로운

난 그때 결심했다. 미희한테 정말 좋은 친구가 되어 주어야겠다고. 그런데 미희는 지금 외로울 틈도 없을 만큼 따르는 친구들이 많아졌다. 미희는 자석처럼 사람을 끄는 묘한 매력이 있다. 그래서 미희 주위에는 벌써

매력 : 사람의 마음을 사로잡아 끄는 힘

부터 항상 어울려 다니는 아이들이 있다. 난 미희 주위를 시계추처럼 오락
가락 하는데 말이다. 미희와 어울려 다니는 애들을 우리는 '양파'라고 부른
다. 그건 미희의 성이 양씨이기 때문에 양미희와 함께 다니는 아이들을 그
렇게 부르는 거다.

시계추 : 괘종시계 따위에 매달린 추. 좌우로 흔들림에 따라 일정한 속도로 태엽이 풀리며 시곗바늘이 움직이게 된다

  우리 반 대부분의 여자 아이들은 양파에 들어가고 싶어 모두 안달이다.
솔직히 말하면 나도 그렇다. 그런데 나는 좀 힘들 것 같다. 양파 아이들은
집도 부자인 것 같고 무언가 특별하게 잘하는 것이 하나씩은 다 있다.

특별 : 보통과 구별되게 다름.

난 그저 보통 아이다. 글짓기를 잘한다는 칭찬을 종종 듣기는 하지만 그건 미희도 마찬가지다. 그래서 미희는 나한테 별로 관심이 없을 것이다.

지금은 읽기 시간이다. 난 내 앞쪽에 앉아 있는 미희의 뒤통수를 뚫어져라 바라보고 있다. 미희가 양파에게 또 쪽지를 돌린다.

경미가 '소정이에게'라고 쓰인 쪽지를 내게 건네 주었다. 난 선생님 눈치를 살피며 떨리는 손길로 받아 들었다.

양파 애들은 이렇게 가끔 수업 시간에 쪽지를 돌리곤 한다. 자기들끼리 이런 행동으로 반 아이들은 양파는 뭔가 비밀스럽고 특별하다고 생각한다. 그래서 걔들한테 호기심과 관심을 더 가지는 건지도 모르겠다.

'이게 미희가 나한테 집에 같이 가자는 편지면 얼마나 좋을까?'

나는 속으로 생각하며 쪽지를 멍한 눈길로 바라봤다. 그리고 뒤돌아 힘없이 소정이 책상 위에 쪽지를 떨어뜨렸다.

난 고개를 들고 허공을 쳐다보며 짧은 한숨을 내쉬었다. 그때였다.

허공: 텅 빈 공중

"거기 뭐야? 임정화, 그 쪽지 가지고 나와 봐."

이크, 내가 선생님 눈치도 살피지 않고 쪽지를 전해 줘 그만 들킨 거다. 미희가 덫에 걸린 놀란 토끼눈으로 나를 바라봤다. 난 천천히 교탁 앞으로 다가섰다.

교탁: 수업이나 강의를 할 때에 책 따위를 올려놓기 위하여 교단 앞이나 위에 놓은 탁자

"누가 돌린 거야?"

선생님은 쪽지를 보시고 물으셨다.

"제, 제가 그랬어요."

난 순간 미희를 위해 거짓말을 했다. 미희는 선생님께 혼나면 금방이라도 그 커다란 눈망울에 눈물이 방울방울 떨어질 것 같아 그렇게 대답한 거다. 난 수업 분위기를 망친 벌로 손바닥을 두 대나 맞았다.

긴 자가 내 손바닥을 내리치는 순간 난 두 눈을 찔끔 감았다.

4학년이 되어서 선생님께 처음으로 벌을 받았다. 갑자기 창피한 생각이 들었다. 자리로 돌아와 앉자 내 얼굴은 귓가까지 토마토처럼 빨갛게 달아

오르기 시작했다. 한참 후에야 겨우 고개를 들 수 있었다.

바로 그 순간! 미희와 내 눈이 마주쳤다. 미희는 내게 눈웃음을 지어 보였다. 고맙다는 인사 같았다. 갑자기 창피한 마음이 눈 녹듯이 다 사라져 버렸다.

양파 애들은 서로 바꿔 가며 교환 일기를 쓴다. 이건 내가 양파에 들고 싶은 또 하나의 이유다.

교환 : 서로 주고받고 함

미희는 이렇게 언제나 남들이 하지 않는 새로운 것을 제일 먼저 시작하는 특별한 아이다. 나도 그 교환 일기를 함께 쓸 수 있었으면 좋겠다. 미희한테 내 글 솜씨를 보여 주어 미희와 많이 친해지고 싶다. 그런 날이 언제나 올까? 시간이 더 지나면 과연 오기는 하는 걸까?

그러던 어느 날이었다. 2교시 수업이 끝나자 미희와 양파 애들이 우르르 몰려 나갔다. 양파들의 아지트는 화장실이다.

아지트 : 어떤 사람들이 자주 어울려 모이는 장소

"쟤네 양파들 화장실도 매일 저렇게 몰려가야 하니?"

내 앞에 앉은 경미가 뾰로통한 목소리로 말했다.

쉬는 시간이 끝나고 막 수업 시작종이 울렸다. 미희가 자리에 앉다가 그만 연필을 떨어뜨렸는데 또르르 굴러 미희 의자 바로 아래쪽에 멈췄다.

"내 연필 좀 주워 줘."

미희가 경미한테 말했다.

"넌 손이 없니? 너 의자 바로 밑에 있잖아. 네가 더 가까우면서."

경미가 퉁명스럽게 말했다.

퉁명스럽게 : 못마땅하여 불쑥 하는 말이나 태도에 부드럽고 상냥하지 않게

미희는 경미를 쨰려보았다. 미희 짝꿍 연숙이도 같이 노려봤다. 연숙이가 미희 대신 머리를 책상 밑으로 넣었다. 그리고 손을 더듬거려 연필을 주워 미희에게 건네주었다.

"못됐어 정말!"

연숙이는 못마땅한 표정으로 툴툴거렸다.

연숙이가 미희한테 초코릿 하나를 내밀었다. 수업종이 울리자 미희는

얼른 초코릿을 입 안에 넣고, 껍질은 아무렇게나 구겨 경미 책상 밑에 발로 밀어 버렸다.

읽기 시간이었다. 선생님은 한샘이가 책을 읽는 동안, 분단 사이사이를 걸으셨다. 그리고 문득 경미 책상 앞에서 멈추셨다.

"이 종이 누가 버렸지?"

순간 난 미희를 쳐다봤다. 미희는 연숙이에게 눈짓만 하고 주춤거렸다.

"이거 누가 버렸냐고?"

선생님이 다시 한 번 호통을 치셨다. 그러자 미희가 연숙이의 옆구리를 쿡쿡 찔렀다. 잠시 후 연숙이가 자리에서 슬그머니 일어났다.

호통 : 몹시 화가 나서 크게 소리 지르거나 꾸짖음. 또는 그 소리

"자기 주변은 스스로 정리 정돈하라고 늘 말했지? 나와."

연숙이는 미희 대신 벌을 받았다. 그런데 미희의 눈빛은 예전의 놀란 토끼 같은 눈망울이 아니었다. 아무 일도 없는 듯이 그냥 태연스럽기만 했다.

태연 : 마땅히 머뭇거리거나 두려워할 상황에서 태도나 기색이 아무렇지도 않은 듯이 예사로움

체육 시간이었다. 남자는 농구, 여자는 피구를 하기로 한 날이다.

체육 시간에 피구를 할 때면 양파 아이들은 공을 잡으면 자기들끼리 서로 주고받는다. 그리고 자기 양파 애들끼리는 절대로 안 맞춘다. 하지만 이번처럼 한 사람을 집중적으로 공격하는 것은 오늘 처음 있는 일이다.

양파들은 서로 눈짓을 주고받으며 계속 경미만 따라다녔다. 다섯 아이들한테 돌아가며 공격을 받다 보니 피구를 잘 하는 경미도 어쩔 수가 없나 보다. 체육 시간 내내 경미는 달구어진 화롯불 같은 얼굴로 뛰어 다녀야 했다.

화롯불 : 숯불을 담아 놓는 그릇에 담아놓은 불

"아야."

경기가 끝나갈 무렵 경미의 왼쪽 얼굴에 공이 정면으로 날아갔다. 이번에 경미는 세게 날아오는 공을 피하지 못하고 바닥에 쓰러졌다.

"경미야, 괜찮니?"

난 잔뜩 울상이 되어 경미한테 달려가 물었다. 하지만 다른 아이들은 멀찌감치 쳐다만 볼 뿐 아무도 경미한테 다가오지는 않았다. 미희가 나를 쌀쌀맞은 눈초리로 내려다봤다. 미희의 그런 표정은 정말 처음이었다.

"뭐 멍도 안 들었잖아. 좀 잘 피하지 그랬니?"

미희가 별일 아니라는 듯 말하고 휙 돌아섰다.

마침 종이 울리자 온몸이 땀으로 범벅이 된 아이들은 우르르 수돗가로 몰려갔다. 난 경미를 부축하며 수돗가로 갔다.

"정말 끝내 주는 경기였지?"

소정이가 쩌렁쩌렁한 목소리로 말했다.

"휴우, 속이 다 시원하다."

연숙이가 큰 소리로 내뱉었다.

경미가 미희 옆 수도꼭지 앞에 서자 예진이가 기다렸다는 듯이 수도꼭지를 손바닥으로 누르다 한쪽을 살짝 들어올렸다. 그러자 수돗물이 경미 쪽으로 다 튀겼다.

양파 애들은 까르르 웃었다. 거기다 앞에 있던 남자애들까지 가세해 경미한테 물을 튀기기 시작했다.

"이경미! 시원하지. 고맙다고 해."

철민이가 경미한테 물을 튀기고 도망가면서 소리쳤다.

"재밌다."

옆에 있던 우석이까지 경미한테 물을 튀겼다. 그런데 그렇게 당차던 경미가 이번에는 아무 말도 안 했다. 경미는 말없이 두 손으로 수돗물을 받아 얼굴을 양손에 묻고만 있었다.

'이건 좀 심한 거 아니야?'

하지만 난 속으로만 그렇게 생각했다.

미희는 곡에 맞춰 가사를 바꿔 불렀다. 거기에 탈춤을 추듯 어깨춤을 추며 교실로 향했다. 다른 양파 애들도 미희를 따라 하며 우르르 몰려갔다.

탈춤 : 탈을 쓰고 추는 춤

교실로 들어가세, 재미있는 피구였네~

쾌지나 칭칭나네~

난 그제서야 경미한테 말을 걸었다.

"보건실에 가 볼래?"

"괜찮아, 피도 안 나는데 뭐."

"너, 양파한테 왜 찍혔냐?"

미진이가 호들갑스럽게 물었다.

"조심해. 양파한테 찍히면 골치 아파. 저번에 유미도 찍혀서 몇 주일 동안 고생했잖아."

찍히다 : 좋지 않은 일로 남에게 주목의 대상이 되다

난 오늘 경미가 양파한테 당하는 모습을 보니 미희가 확실히 예전과 달라졌다는 걸 알 수 있었다.

'미희가 왜 그렇게 달라졌을까?'

그렇게 양파에 들고 싶던 마음이 조금은 가시는 듯 했다. 하지만 그렇다고 미희가 완전히 싫어진 건 절대 아니다.

1. 글 속에 나오는 미희는 어떤 아이인가요?

2. 정화가 미희에게 좋은 친구가 되어 주어야겠다고 결심한 이유는 무엇인가요?

3. 미희와 어울려 다니는 아이들을 '양파'라고 부르는 까닭은 무엇인가요?

4. 정화는 미희를 위해서 어떤 거짓말을 했나요?

5. 미희 대신 벌을 받게 된 연숙이를 보고 미희는 어떤 태도를 보였나요?

6. 체육시간에 경미가 왜 양파아이들에게 일방적으로 공격을 당했나요?

7. 정화가 그렇게 양파에 들고 싶던 마음이 조금씩 가시기 시작한 이유는 무엇일까요?

1 '난 네가 좋아!'

"나는 미희가 너무 좋아. 그래서 좋은 친구로 지내고 싶은데 솔직하게 말할 자신이 없어."

😊 미희에게 친하게 지내자고 용기 있게 말을 해 보세요.

....
....
....

2 '선생님, 전 억울해요.'

"초코릿을 먹고 껍질을 경미 책상 밑에 버린 아이는 내가 아니라 미희란 말이야. 미희한테 따돌림을 당할까 봐 억울하게 선생님께 벌을 받았어. 수업 끝나고 선생님께 사실대로 말씀드릴까?"

😊 초코릿 껍질을 버린 아이는 내가 아니라고 선생님께 사실대로 말하는 편지를 써 보세요.

....
....
....

1 체육시간에 경미가 양파아이들에게 일방적으로 공격을 당하는 것을 보면서 나라면 어떻게 했을까요?

....

....

2 「사귀고 싶은 친구」는 우리들의 학교생활 모습을 그리고 있습니다. 내가 만약 왕따를 당한다면 어떻게 이 문제를 해결할지 생각해 보세요.

- 나는 선생님이나 부모님께 말씀드려 함께 해결할 것이다.
- 왜냐하면

- 나는 선생님이나 부모님께 말씀드리지 않을 것이다.
- 왜냐하면

3 우리는 모두가 더불어 살아가야 합니다. 친구가 따돌림을 당하고 있을 때 우리가 도와 줄 수 있는 방법에는 어떤 것이 있는지 적어 보세요.

....

....

글숲 여행을 마치며

🔖 여러분은 왕따를 당하는 친구들을 위해 무엇인가 한 일이 있나요? 만약 그렇지 않다면 여러분 자신이 왕따 당했을 때를 깊이 한 번 상상해 보세요. 그리고 왕따를 당하는 친구의 입장을 생각해 보고, 여러분의 생각을 다음 단계에 맞추어 써 보세요.

제 목 – 친구의 중요성을 제시하는 제목쓰기	
주장하기 – 제목과 어울리는 주장쓰기	
주장에 따른 이유 – 친구가 왜 중요한지 이유를 써 보기(특히 왕따 당하는 사람이 자신이라고 상상해 보고)	
요약하기 – 위의 내용 요약하기	

앞의 개요에 맞게 작성한 내용을 중심으로 글을 써 보세요.

제목:

손에 잡히는
독서·토론·논술

해답 및 풀이

4 학년

숨은 쥐를 잡아라

글숲 엿보기 ──────────────── 본문 8쪽

1. 호랑이, 사자, 기린, 소, 양, 코알라, 참새, 원숭이, 학, 백조 개, 돼지, 코끼리 등
2. • 내가 좋아하는 동물 → 백조
   • 내가 싫어하는 동물 → 참새

글숲 여행 되돌아보기 ──────────────── 본문 16쪽

1. • 엄마와 동생-1층   • 고모-지하실   • 아빠 – 마당   • 할아버지와 달궁이-2층
2. 엄마는 튀김요리와 오징어를 구웠고 할아버지는 신던 양말을 늘어 놓으셨다.
3. • 작전이름 → 독 안에 든 빵 작전   • 정한 이유 → 쥐라는 이름을 직접 부르면 쥐들이 알아듣고 모두 도망가기 때문에 빵이라고 부르면 쥐들이 맛있는 빵이 있는 줄 알고 모여들어서
4. • 쥐가 나타났을 경우 → '우왕 찍'   • 쥐가 지나간 자리를 발견하면 → '찍!'
   • 쥐를 추격하다 놓치면 → '찍쌌다!'

글숲 사람 되어보기 ──────────────── 본문 17쪽

1. "우리가 너희들을 잡는다고 미워하지 마. 너는 더러운 것을 좋아해서 병균을 옮기고 우리 식구들이 잠을 못 자니까 다른 곳으로 갔으면 좋겠어."
2. "고양이야. 넌 쥐를 잘 잡지? 그러니까 나를 좀 도와줘. 쥐는 너무 빠르고 영리해서 잡기가 무척 힘들어. 만약 쥐를 잡아주면 맛있는 먹이를 줄 테니 도와줘."

글숲 밖 사람 되어보기 ──────────────── 본문 18쪽

1. • 집안의 음식 부스러기를 말끔히 치워서 쥐들의 먹이를 없앤다.
   • 집밖에 쥐들의 음식을 놓아서 쥐들이 집밖에서 살도록 유도한다.
   • 고양이를 길러서 쥐를 잡도록 한다.
2. (1) 쥐는 보는 대로 죽여서 없애야 한다고 생각한다. / 쥐를 이유 없이 죽이는 것은 나쁘다고 생각한다.
   (2) 사람에게 병균을 옮기고 사람들의 음식을 몰래 먹기 때문이다. / 강아지나 햄스터도 사람의 음식을 먹고 병균을 옮기는데 쥐만 골라서 죽이려 드는 것은 동물학대라고 생각하기 때문이다.

글숲 여행을 마치며 ──────────────── 본문 19쪽

사람들에게 고함
저는 쥐라는 동물입니다. 저는 사람들이 먹는 음식을 좋아하고 사람들이 사는 근처에서 살고 있지요.
사람들은 저만 보면 몽둥이를 들고 쫓아오고 저희들이 먹는 음식에다 독을 넣어두기 때문에 저희는 하루도 마음 편하게 살 수 없습니다. 그래서 저희는 언제나 어두운 구멍이나 구석에 숨어 있거나 밤에 활동할 수밖에 없어서 불편하고 외롭습니다. 제 친구 햄스터는 깨끗이 청소된 집에서 사람들이 주는 맛있는 음식을 먹으며 사랑을 듬뿍 받습니다. 또 누가 나를 해칠까 걱정하지 않아도 됩니다. 저는 제 친구가 부럽습니다. 제발 저도 마음 놓고 편히 살게 해 주세요.

비밀의 화원

 본문 20쪽

1. 꾸준히 물만 주었는데 하루가 다르게 자라는 모습을 보고 식물의 생명력이 매우 강하다고 느꼈다.
2. 내 일기장이 가장 비밀스러운 보물이다. 나의 소중한 추억이 담겨 있기 때문이다.
3. 내가 좋아하는 남자 친구에 대한 이야기를 내 단짝 친구에게 비밀 이야기로 해 주었다. 그 남자친구는 내가 자기를 좋아한다는 것을 아직 모르고, 그 친구가 알게 되는 게 부끄러워서 단짝 친구에게만 살짝 말해주었다.

 본문 28쪽

1. 가. 첫째 비밀 : 비밀의 화원. 사랑하는 부인이 화원에서 돌아가셨기 때문에 아무도 화원에 대해서 말하거나 화원에 들어가지 못하게 해서 비밀의 장소가 됨. 나. 둘째 비밀 : 크레이븐 씨에게 몸이 건강하지 않은 아들이 있었다는 것. 자신을 닮은 아들을 남들이 보게 될까 봐 으슥한 방에 감춰두어서 아들의 존재가 비밀이 되었음.
2. 죽은 아내와의 추억이 있는 정원을 보는 것이 마음이 아팠기 때문
3. 메리는 버릇없는 말과 행동을 하고 비쩍 마른데다 무표정한 얼굴의 아이었는데, 정원을 가꾸면서 웃음도 많아지고 콜린을 도와주려는 착한 마음을 갖게 되었다. 콜린은 자신이 곧 죽을 것이라 생각하였지만 정원을 가꾸면서 건강을 되찾게 되었고 자신감을 갖게 되었다.
4. 황무지에서 뛰어 놀면 몸도 마음도 건강해지고, 자연 속에서 많은 것을 배울 수 있기 때문이다.

 본문 29쪽

1. 마음 약한 소리 하지 마. 넌 죽지도 않을 거구 절대 곱사등이 되지도 않을 거야. 네 등은 나만큼이나 꼿꼿해. 내가 너의 건강을 찾아줄 테니 나만 믿어. 콜린, 내가 발견한 비밀의 화원이 있는데 셋이서 매일 화원을 멋지게 꾸미며 놀자. 신나겠지?
2. 콜린! 네가 내 아들 콜린이란 말이냐? 네가 이렇게 건강해지다니 믿을 수가 없구나. 그동안 아빠는 네가 아빠처럼 곱사등일까 봐, 네가 혼자서 걷지도 못하는 모습을 보고 실망할까 봐 일부러 너를 피했단다. 아빠가 하지 못한 일을 메리가 해주었어. 아빠가 진심으로 미안하구나. 아빠를 용서해주겠니? 앞으로는 너와 함께 행복한 시간을 보내도록 노력할게.

 본문 30쪽

1. 크레이븐 씨가 자기 마음이 아프고 다칠까 봐, 아내가 정성껏 가꾸어 오던 정원도 잠가버리고, 아들도 돌보지 않으면서 모든 것을 비밀로 만들어 버린 행동은 비겁하고 무책임하다고 생각한다.
2. 어두운 방에 홀로 누워서 죽을 날만 기다린 콜린이 얼마나 외롭고 힘들었을까 생각만 해도 눈물이 난다. 그러나 콜린의 아버지도 콜린도 부정적인 생각으로 조금의 노력도 해보지 않은 것이 안타깝고 잘못된 일이라 생각된다. 닥치지도 않은 일을 미리 걱정하고 우울해져 있는 것보다 건강을 위해 자신이 할 수 있는 노력을 해보려고 시도했어야 한다고 생각한다.

 본문 31쪽

• 나는 가족과 함께 주말농장에서 텃밭을 가꾸는 일이 행복하다. 잡초도 뽑아주고 물과 거름도 주고, 가족과 함께 웃으면서 즐겁게 이야기를 나누고 나면 가족 사이의 사랑이 더 많이 생기는 것 같기 때문이다. 또 우리가 조금만 관심을 가지고 돌보면 쑥쑥 자라는 건강한 채소들을 보면서 내가 채소들의 보호자가 된 것 같아 뿌듯한 마음도 생기기 때문이다. 마지막으로 열심히 땀 흘려 일하고 난 뒤에 가족끼리 둘러 앉아 직접 키운 채소를 먹으면 몸도 건강해지기 때문이다.

3 허클베리핀의 모험

 글숲 엿보기 — 본문 32쪽

1. 아빠, 엄마의 선물을 사 드리고 싶다. 새로 나온 게임기를 사고 싶다. 동생에게 장난감을 사주고 싶다.
2. 아버지를 따라 바다낚시를 갔다. 넓은 바다 가운데에서 파도가 출렁일 때마다 무서웠으나, 나도 아버지를 따라 낚시를 했다. 처음에는 무서웠으나 고기를 잡는 것이 너무 재미있어서 나중에는 무섭지가 않았다.
3. 방과 후에 친구들과 놀기, 컴퓨터 게임하기, 예능 TV 보기이다. 하지만 갑자기 그것을 할 수 없게 된다면, 많이 서운하고 속상할 것 같다.

글숲 여행 되돌아보기 — 본문 44쪽

1. 아버지가 무섭고, 항상 술에 취해 있고, 보기만 하면 허클베리핀을 막 때려서
2. 주인인 워트슨 부인이 자기를 판다는 소리를 들었기 때문에
3. 피터 씨의 가슴에 새겨진 문신을 알아내는 사람을 찾기로 함
4. 헬프스 씨 집에 팔려온 짐을 구출하기 위해서

 글숲 사람 되어보기 — 본문 45쪽

1. 판사님, 부모와 자식은 같이 살아야한다고 하지만 그것은 부모가 자식에게 폭력을 쓰지 않을 때예요. 우리 아버지는 학교도 보내지 않고, 돈은 다 빼앗아 가서 술을 마시고, 만나기만 하면 때려요. 그러니 전 아버지랑 살 수가 없어요.
2. 나의 주인님, 평소 잘 대해 주셔서 감사합니다. 하지만, 저를 다시 다른 사람에게 판다는 이야기를 듣고 더 이상 살아갈 자신이 없었어요. 그리고 이제는 가족과 함께 살고 싶어 탈출을 결심했습니다. 정말 죄송합니다.

 글숲 밖 사람 되어보기 — 본문 46쪽

1. 허클베리핀의 아버지, 아무리 일이 잘 되지 않는다고 그렇게 술을 마시고 아들에게 폭력을 쓰면 어떻게 해요. 좋은 아버지가 되려면 얼른 일자리를 구해 돈도 벌고, 허클베리핀에게 친절하게 대해 주시고 학교도 보내주셔야 해요. 그러면 허클베리핀도 아버지가 좋아져서 같이 살고 싶어 할 거예요.
2. 톰소여와 허클베리핀은 호기심이 많아 새로운 일을 벌이면서도 어려운 사람을 도울 줄 아는 착한 성격이다. 아버지의 구박에도 지혜롭게 탈출하여 어려운 상황이 생길 때마다 잘 해결하면서, 무서워하지 않고 또 다른 도전을 생각하는 용기를 본받고 싶다.

글숲 여행을 마치며 — 본문 47쪽

학교는 가야만 해. 왜냐하면 학교를 가면 과학, 수학, 국어, 사회, 음악 등 여러 과목들을 배울 수 있어. 그리고 체육시간이면 친구들과 함께 축구도 하고 달리기도 하고 얼마나 재미있는지 모를 거야. 친구들과 쉬는 시간에 게임을 하며 놀 수도 있고, 더 많은 친구를 사귀게 돼. 네가 생각하는 것보다 학교생활은 훨씬 더 재미있단다. 학교가기가 싫어서 가지 않게 되면, 배우는 것도 없고, 친구가 없어서 혼자서 놀기도 심심하고 여러 가지가 불편할 거야. 또, 나중에 정말 네가 하고 싶은 것을 못하게 될 수도 있어. 내 말은 학교를 다니면서 여러 가지를 배우고, 훗날에 그 지식으로 꿈을 이룬다는 거야. 꿈을 이루는 데 보탬이 되어주는 학교를 꼭 다녀야한다고 생각해.

오성과 한음

 　　　　　　　　　　　　　　　　　　　　　　　　　　　본문 48쪽

1. · 오성→ · 이항복의 호 · 조선시대 학자 · 이덕형 친구로 장난끼가 심함 · 영의정을 지냄 · 임진왜란 때 왕의 신임을 받음
　· 한음→ · 이덕형의 호 · 조선시대 문신 · 이항복 친구로 장난끼가 심함 · 영의정을 지냄 · 영창대군의 처형을 반대하다 사직됨
2. 지저분한 운동장을 깨끗하게 하는 것, 담배를 피우시는 아버지가 담배를 줄이는 방법, 허락 없이 내 물건을 가져다 쓰는 친구, 급식 시간에 떠드는 것. 등

 　　　　　　　　　　　　　　　　　　　　　　　　　　　본문 53쪽

1. 오성, 한음, 옆집 하인, 권 판서 2. 담 너머에 있는 감나무의 주인은 누구인가? 3. 감나무 가지가 자기 집으로 넘어왔기 때문입니다. 4. 담 너머로 가지가 넘어갔어도 자신의 집에서 감나무를 심고 가꾸었다고 말하였습니다. 5. 오성은 권 판서 댁 사랑방에서 창호지를 바른 방문 안으로 팔을 쑥 들이밀었습니다.
6. 나무의 뿌리가 오성이네 집에 있기 때문입니다.

 　　　　　　　　　　　　　　　　　　　　　　　　　　　본문 54쪽

1. 자네는 감나무 가지가 넘어 왔다고 자기네 감이라고 우기는데 그것은 잘못된 생각이네. 자네가 주장하는 것과 그 까닭이 이치에 맞아야 하지 않는가! 앞으로는 경솔하게 말하지 말고 신중하게 생각하게나.
2. 오성아, 너는 지혜롭고 용감한 아이구나. 감나무가 너희 것이라는 주장을 터무니없이 우기지 않고 예를 들어 설명한 것이 참 지혜롭다는 생각이 들었단다. 그리고 판서인 내가 무서웠을 텐데 용감하게 너의 주장을 말하다니 어린 소년이 정말 대단했단다. 앞으로 열심히 학문을 익혀서 나라에 필요한 인재가 되렴.

 　　　　　　　　　　　　　　　　　　　　　　　　　　　본문 55쪽

1. · 옆집 하인
　까닭 → 감나무 가지가 우리 집으로 넘어와 달렸기 때문이다.
　나의 생각 → 옆집 하인이 '우리 집으로 가지가 넘어왔기 때문에' 감이 자기 집 것이라고 말한 것은 여러 사람이 보기에 납득하기 어렵고 터무니없는 까닭을 말하였다.
　· 권 판서
　까닭 → 우리 집에 가지가 일부분 넘어왔어도 나무의 뿌리는 오성이네 집에 있기 때문이다.
　나의 생각 → 권 판서가 '우리 집에 가지가 일부분 넘어왔어도 나무의 뿌리는 오성이네 집에 있기 때문에 오성이네 것'이라고 말한 것은 까닭과 의견이 잘 어울리고 여러 사람이 충분히 받아들일 수 있는 의견이다.
2. 등장인물이 말한 의견 중에서 자신이 동의하는 의견 → 오성이 의견에 동의합니다.
　그렇게 생각한 까닭 → 감나무 가지가 옆집으로 넘어갔더라도 오성의 집에서 심고 가꾼 것이 더 중요하기 때문입니다.

 　　　　　　　　　　　　　　　　　　　　　　　　　　　본문 56쪽

책과 친해 질 수 있는 방법을 생각해서 단계에 맞추어 글쓰기-생략

5 길 아저씨 손 아저씨

 글숲 엿보기 ─────────────────────────── 본문 57쪽

1. 휠체어 리프트가 학교나 놀이공원, 공공기관, 빌딩, 지하철에 설치되었으면 좋겠다. 등
2. • 도움을 받았던 경험과 그때의 느낌 → 열쇠를 잃어버려 집에 들어가지 못했을 때 옆집 아주머니가 저녁까지 먹여주셨다. 부모님은 안심하셨고 밖에서 추위에 떨지 않아 감사드린다.
   • 내가 도와 준 경험과 그때의 느낌 → 어머니께서 편찮으셨을 때 빨래를 하고 널어 보았다. 그때 집안일이 얼마나 힘든지 알게 되었다.

 글숲 여행 되돌아보기 ─────────────────── 본문 63쪽

1. (1) 길 아저씨 → 다리가 불편하다. (2) 손 아저씨 → 눈이 안 보여 앞을 볼 수가 없다.
2. 할머니가 손 아저씨를 길 아저씨가 있는 곳으로 데려다 주었고 서로 힘이 되려고 같이 살게 됨.
3. 손 아저씨는 길 아저씨를 업고, 길 아저씨는 손 아저씨에게 길을 안내해주면서
4. 서로의 부족한 점을 채워 주면서 열심히 일했기 때문
5. 할머니 → 손 아저씨를 길 아저씨가 있는 곳으로 데리고 갔다.
   마을 사람 → 일감도 주고 먹을 것도 주며 물건을 팔아 주었다.

 글숲 사람 되어보기 ───────────────────── 본문 64쪽

1. 부모님, 저 때문에 늘 걱정 하시고 뒷바라지 하시느라 너무나 고생이 많으셨어요. 살아 계실 때는 제가 힘든 것만 생각하고 부모님께는 감사하다는 말씀도 못 드렸어요. 부모님이 돌아가시고 안 계시니 너무 외롭고 힘들지만 용기를 내서 열심히 살게요.
2. • 길 아저씨 → 달팽이 아저씨   • 손 아저씨 → 안경 아저씨

 ───────────────────────────────── 본문 65쪽

1. 바늘과 실, 꽃과 벌, 연필과 지우개, 악어와 악어새 등
2. 길 아저씨였다면 → 동네 사람한테 부탁하여 도움을 요청한다.
   손 아저씨였다면 → 강아지를 키워서 같이 다닐 것이다.
3. 길 아저씨는 손 아저씨에게 "아니! 저기에 산적이 있네. 가만히 서 있게."하고 금덩이를 잡으려는 순간 물에 빠질 뻔 했습니다. "아! 내가 너무 욕심을 부렸구나. 생명보다 더 중요한 것은 없어. 그리고 나를 평생 동안 도와 줄 친구를 배신하면 안 되지."하며 금덩이를 포기하고 손 아저씨와 사이좋게 살았습니다.

 글숲 여행을 마치며 ───────────────────── 본문 66쪽

• 친구에게 책을 소개하는 광고문 만들기- 가장 기억에 남는 장면과 문구를 소개한다.

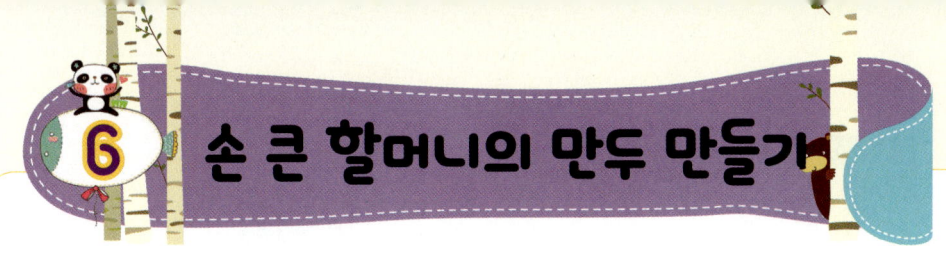

6 손 큰 할머니의 만두 만들기

 글숲 엿보기   　　　　　　　　　　　　　　　　　　　　　　　　　　　본문 67쪽

1. 세배, 떡국, 세뱃돈, 나이, 한복, 자동차, 할머니 등
2. 널뛰기, 연날리기, 윷놀이, 팽이치기, 투호놀이 등
3. 어머니와 함께 만두를 만드는데 양을 너무 많이 하셔서 하루 종일 만드느라 힘들었다.
   내가 직접 만든 만두는 모양이 이상했지만 쪄 먹었을 때는 기분이 좋았다. 등

글숲 여행 되돌아보기   　　　　　　　　　　　　　　　　　　　　본문 75쪽

1. 함지박, 조리, 망석, 소쿠리, 가마솥 등
2. 돼지고기, 밀가루, 김치. 부추, 양파, 버섯, 두부, 숙주나물, 달걀 등
3. "너구리야, 만두소를 조금씩 넣어라. 다 터지고 있잖아!"
   "저기 다람쥐, 졸지 마! 그러다 만두소에 코 박겠다."
4. (처음에는 사과만큼) → (호박만큼) → (항아리만큼) → (자기 몸보다 더 큰 만두)
5. "남은 만두소를 전부 모아 세상에서 제일 큰 만두를 만들자."
6. 싸리비만한 돗바늘에 실을 꿰어 만두 입을 꿰매기 시작했다.   7. 가마솥

 글숲 사람 되어보기   　　　　　　　　　　　　　　　　　　　　　본문 76쪽

1. 동물들이 한 줄로 서서 릴레이식으로 물을 나르도록 한다. 등
2. "할머니 너무 섭섭해요. 저희도 힘들어서 잠시 쉬려고 했을 뿐인데! 꾀를 부린 것은 잘못했지만 이름까지 불러서 창피했어요. 그리고 앞으로는 꾀부리지 않고 열심히 일할게요."

 글숲 밖 사람 되어보기   　　　　　　　　　　　　　　　　　　　본문 77쪽

1. 윷놀이 – 윷놀이는 온 가족이 모두 참여할 수 있는 놀이여서   2. 생략
3. 동물들은 지쳐서 모두 집으로 돌아갔다. 혼자 남은 할머니는 남은 만두를 다 빚었다. 며칠 후 배가 고파진 동물들은 하나 둘 할머니 집으로 와서 양식을 구하려고 사정을 했다. 마음씨 착한 할머니가 거절하지 않고 음식을 나누어 주자 동물들은 자기의 잘못을 반성하였다. 다음 설날에는 아무리 힘들어도 끝까지 만두를 빚고 즐거운 마음으로 겨울을 보냈다.

글숲 여행을 마치며   　　　　　　　　　　　　　　　　　　　　　본문 78쪽

일하지 않는 노숙자에게 무상으로 식사를 제공해야 하는가?
– 논술개요 짜기는 예시를 보며 작성하도록 한다.
– 작성한 개요를 바탕으로 나의 생각을 정리하여 글쓰기

7 짜장 짬뽕 탕수육

 글숲 엿보기 ──────────────────────── 본문 82쪽

1. · 좋아하는 놀이 → 얼음 땡
   · 좋아하는 이유 → 긴장감이 있고 활동적이며 친구들과 같이 하면 재미가 있어서
2. · 좋아하는 음식 → 탕수육
   · 탕 → 탕 속에 물이 뜨거워서   · 수 → 수영은 못합니다.   · 육 → 육십도가 넘어요.

 글숲 여행 되돌아보기 ─────────────────── 본문 89쪽

1. "왕, 거지, 왕, 거지……."   2. 덩치가 '거지'라고 놀렸기 때문에
3. 누리   4. "그래. 이거 우리 엄마가 깨끗이 씻어서 다시 쓴 거야. 왜? 뭐가 잘못 됐어?"

 글숲 사람 되어보기 ──────────────────── 본문 90쪽

1. "얘들아! 내 입장이 되어서 한 번만 생각해 보는 것이 어때? 나는 전학을 와서 모든 것이 낯설고 어색하잖아. 우리 친하게 지내자."
2. 아빠가 자랑스럽다. 아빠의 요리 솜씨에 자부심을 갖고 있다.

 글숲 밖 사람 되어보기 ──────────────────── 본문 91쪽

1. 나는 학교에서 친한 아이들한테는 상냥하게 대해주고 왕따 당하는 친구에게는 성의 없게 대하였지만 앞으로는 다른 사람들의 마음을 헤아리며 친절하게 대해 주어야겠다.
2. 하고 싶은 역할 → 누리
   이유 → 누리는 평상시의 내 모습과 다른 아이인 것 같다. 친절한 역할을 해 보면 나도 친구들에게 친절하게 대하는 모습으로 변할 수 있기 때문에
3. 덩치와 다른 아이들은 자기의 잘못을 반성하고 사이좋게 지내게 되었다. 그리고 종민이는 아버지가 운영하시는 식당으로 친구들을 데리고 가서 맛있는 음식을 같이 먹으며 학교생활을 재미있게 보냈다.

 글숲 여행을 마치며 ──────────────────── 본문 92쪽

그림과 글로 나의 생각 적어 보기
① 글을 시작할 때 주인공과 주변 모습
   (그림) 전학 온 종민이가 친구 없이 혼자서 점심을 먹는 장면
   (글) 종민이는 외롭고 쓸쓸해 보인다. 하지만 잘 참고 견디는 모습이 대견하다.
② 글이 끝날 때 주인공과 주변 모습
   (그림) 여러 친구들과 함께 점심을 먹는 모습
   (글) 종민이에게 친구들이 생겨 즐겁게 점심을 먹는 모습이 즐겁고 밝아 보인다.

걱정 마

   본문 93쪽

1. • 의성어 : 짹짹, 훠이훠이 등   • 의태어 : 파닥파닥, 싱긋 등
2. 허수아비 팔에 참새가 앉아 있는 장면
3. 허수아비가 웃고 있는 모습을 보니 허수아비와 참새는 서로 친구 같고 평화롭고 다정한 느낌

                                                                                   본문 96쪽

1. 7연 24행   2. 필리핀 사람, 베트남 사람, 몽골 사람
3. 길에서 마주쳐도, 시장에서 만나도 말이 안통해서 대화가 이루어지지 않을까봐.
4. 아카시나무, 달맞이꽃, 개망초도 다른 먼 곳에서 왔지만 해마다 어울려 꽃피우니까 걱정하지 말라고 말씀하셨음.
5. 한국인과 외국인들이 말은 통하지 않지만 서로 어울려 지낼 수 있다. 나도 외국인 친구가 있으면 좋겠다. 등
6. 한국 음식 소개, 한국의 역사에 대해 알려주기, 고민이나 어려운 일 도와주기 등

   본문 97쪽

1. "한국말이 익숙하지 않아 대화하기 불편해요. 표정으로 눈치껏 알아야 합니다. 또 필리핀은 매운 음식을 즐겨 먹지 않는데 한국은 거의 매운 음식이어서 먹기가 좀 힘들어요."
2. "여러분, 외국인을 차별하지 말아주세요. 태어난 곳이 다를 뿐이지 모두 한 가족이나 마찬가지랍니다. 못 사는 나라에서 왔다고 무시하지 말고 한국말도 가르쳐 주고 우리나라에 빨리 적응 할 수 있도록 우리가 도와줍시다."

   본문 98쪽

얼굴이 새하얀 유나 엄마는 미국사람이고 / 준비물도 못 챙겨 주는 미나 엄마는 일본에서 왔고/ 한국 음식을 못해 쩔쩔매는 세린이 엄마, 아빠는 중국에서 이사 와 / 길에서 만나도 집 앞에서 만나도 서투른 말 숨기려 살짝 미소만 짓는다. / 이러다가 우리 동네에 적응 못해 힘들어 하면 어쩌지? / 그래도 엄마는 걱정 말래 / 한국어도 영어도 중국어도 다 다른 먼 나라 언어지만 배워서 대화할 수 있다고

   본문 99쪽

• 다른 문화권의 사람을 존중하는 마음을 갖자.
　우리는 다른 나라의 사람들을 보면 왠지 어색해 하고 잘 웃어 주지 않는다. 가끔은 나쁘게 생각해서 안 좋은 말을 하게 되는데, 그런 말에 외국인들은 상처를 받기 쉽다. 외국인은 우리와 같은 사람이고 단지 국적만 다를 뿐인데 얼굴색이 다르고 못 사는 나라에서 왔다고 무시하는 경향이 있다. 지금의 지구촌은 다문화가 함께 공존하는 시대이며 서로 도와야만 세계의 평화를 유지 할 수 있다. 뉴스나 방송을 통해 해외로 입양된 사람이 성공하여 친부모를 애타게 찾는 모습을 보았다. 그들이 성공할 수 있었던 이유는 사회의 따뜻한 관심이다. 우리도 다문화가정 어린이에 대한 잘못된 생각을 버리고 함께 도와주고 함께 경쟁하는 세계 시민의식을 길러야 할 것이다.

9 풍속화의 대가 김홍도

 글숲 엿보기 ─ 본문 100쪽

1. · 언제 → 3학년 여름 방학 때   · 누구와 → 부모님과   · 어디로 → 국립중앙박물관에
   · 무엇을 보았나요? → 신라시대와 고려시대의 토기와 유물
   · 견학 후 느낀 점 → 조상들의 지혜로움과 협동심을 배울 수 있었다.
2. ① – 나   ② – 가   3. 조용히 관람한다. 유물을 손으로 만지지 않는다. 뛰어다니지 않는다. 등

글숲 여행 되돌아보기 ─ 본문 109쪽

1. 평화로운 세상과 순수하고 여유로운 시골 사람들의 모습
2. · 비슷한 모양의 산과 시냇물   · 같은 모양새의 사람들만 그려 놓은 것   · 멀고 가까움의 차이가 명확하지 않았음
   · 화려한 옷을 입고 권세가 당당한 사람들이 지을 수 있는 표정을 하고 있었음.
3. · 김응환 → 스승의 자랑으로 김홍도의 그림 솜씨가 왕궁에까지 전해지게 하였다.
   · 강표암 → 어린 김홍도를 위하여 알맞은 제목을 붙여주기도 하였고, 때로는 단원이란 호를 화폭에
              직접 써 주기도 하였다.
4. 정조의 얼굴을 직접 그리도록 하기 위해서

 글숲 사람 되어보기 ─ 본문 110쪽

1. "스승님 덕분에 제가 이만큼 성장할 수 있었습니다. 더욱 열심히 그림 공부를 해서 스승님의 은혜에 보답하는 제자가 되겠습니다."
2. "대신들은 들으시오. 전국 방방곡곡에 방을 붙여 그림에 소질이 있는 사람을 궁궐에 모이라고 해서 뛰어난 인재를 뽑으시오. 그리고 뽑힌 사람들에게는 그림 공부를 편안히 할 수 있도록 모든 재료를 준비해 주도록 하시오."

 글숲 밖 사람 되어보기 ─ 본문 111쪽

1. 재능도 중요하지만 어려운 그림 공부를 포기하지 않는 노력이 필요하다. 노력 없이 훌륭한 작품을 만들어 낼 수 없기 때문이다.
2. 김홍도는 가난한 집에서 태어났기 때문에 서민들의 마음을 잘 알고 있어서
3. 내가 이런 애송이한테 졌다는 생각도 들겠지만 더 노력해야 한다는 결심을 했을 것이다.

글숲 여행을 마치며 ─ 본문 112쪽

1. 자신의 생각을 정리하여 김홍도 이야기에 대한 보고서를 쓴다. – 생략
2. 나의 다짐 – 공부를 열심히 한다, 친구들과 사이좋게 지낸다. 내 꿈을 이루기 위해 최선을 다한다.
            영어 회화를 꾸준히 한다. 남에게 의지하지 않고 스스로 한다. 독서량을 늘린다. 등

톰 아저씨의 오두막

 글숲 엿보기   본문 114쪽

1. 19세기 중반까지도 주로 아프리카 등지에서 끌려온 흑인은 백인의 하인이 되거나 그들의 농장이나 공장에서 고되게 일하고 돈도 받지 못하며 살았다. 흑인을 때리는 것은 물론이고 사람으로 대하지 않고 짐승 같은 대접을 하며 물건처럼 사고팔기도 하였다.
2. 예시: 장애를 가진 친구들을 도와주어야 한다고 생각한다. 만약에 앞을 보지 못하는 친구가 있다면 우리처럼 공부를 하기도 힘들고, 학교 다닐 때도 위험한 상황이 많이 생길 것이다. 나는 그런 친구가 있다면 계단을 오르내릴 때 손도 잡아주고, 물건을 찾을 때도 도와줄 것이다.

 글숲 여행 되돌아보기   본문 125쪽

1. 마음씨 착한 톰은 다른 사람을 차마 때릴 순 없어 자신이 대신 채찍에 맞아 고통을 당했으며, 노예의 탈출을 도왔다는 누명을 쓰고 심하게 채찍으로 맞고 창고에 갇히는 등 비 인간적인 대접을 받다가 결국 죽게 되었다.
2. · 셸비 : 자기 아들 조지가 톰의 가족을 돌봐주는 것을 허용하고 노예상인에게 팔려가는 것을 안타까워하는 걸 보니 마음이 따뜻한 사람 같다. · 클레어 : 자기 딸을 아끼고 사랑해준 톰을 노예의 신분에서 풀어주려고 마음을 먹었다. 톰을 해방시켜주진 못했지만 클레어 씨는 의리가 있는 사람이라고 생각한다.
   · 리그리 : 사람을 채찍으로 때리고, 죽어가는 톰에 대해 걱정은커녕 마지막까지도 반성하지 않고 톰을 비싼 값에 팔고 싶어한다. 이러한 행동으로 봤을 때 리그리는 비열하고 잔인한 사람이라고 생각한다.
3. 어린 조지는 톰과 헤어질 때 꼭 톰을 다시 찾으러 가겠다고 약속을 했다. 어른이 된 조지는 죽어가는 톰에게 꼭 노예들을 해방시켜주겠다고 약속을 했고, 톰이 죽었지만 그 약속을 지켰다.

 글숲 사람 되어보기   본문 126쪽

1. 여보, 얘들아, 이 못난 나를 용서해다오. 이렇게 헤어져야 하다니 가슴이 찢어지는 것 같구나. 도련님이 나를 다시 찾겠다고 하시니 우리 그때까지 몸조심하며 잘 있다가 다시 만나자.
2. 리그리 씨! 자신이 한 말과 행동은 결국 다시 나에게 되돌아온다고 합니다. 당신이 노예들에게 한 악한 말과 행동에 대한 대가를 언젠가 치르게 될 지도 몰라요. 이제라도 당신 행동을 뉘우치고 당신이 괴롭힌 많은 사람들에게 용서를 구하기 바랍니다.

 글숲 밖 사람 되어보기   본문 127쪽

1. 넓은 땅에 할 일이 많은 것은 이해하겠으나 노예로 삼지 않고 정당하게 일한 대가를 주었어야 했다./ 같은 사람인데 노예로 삼아 부리면서 마구 때리고 물건처럼 사고파는 건 있을 수 없는 일이다.
2. 당신은 착하고 정의로운 사람이군요. 난 당신 같은 남편을 둔 것이 자랑스러워요./ 재산이나 다름없는 노예를 해방시켜버리다니 이제 우리는 돈이 없어서 어떻게 먹고 살아요? 당신은 가장으로서 무책임해요.

 글숲 여행을 마치며   본문 128쪽

· 인권에는 자유로울 권리, 차별받지 않을 권리, 일할 권리, 선거할 권리, 자신에게 피해를 입힌 자에 대해 고소할 수 있는 권리, 자신의 처지에 따라 도움을 받을 권리 등이 있다. 사람이라면 당연히 누려야 할 권리인데 인권을 빼앗기면 사람과 동물의 차이가 없다고 생각한다. 인간이라면 누구나 누려야 할 권리이기 때문에 인권은 소중하다. 하찮게 여기는 돌멩이 하나도 그 쓰임이 있고 가치가 있듯이 생명을 가진 사람도 누구나 소중한 존재이기 때문이다.

점자로 세상을 열다

 글숲엿보기 — 본문 129쪽

1. 손과 입으로 내 이름과 친구 이름 직접 써 보기
2. 장애 친구의 마음과 힘든 점을 이해 할 수 있었고 내 몸을 소중하게 보살펴야겠다고 생각했다.

글숲 여행 되돌아보기 — 본문 137쪽

1. 두현이라는 이름을 지어주었는데 잘못 적어서
2. 교무실에서 일본인 교사의 책상을 더듬다가 그만 잘못해서 잉크병을 엎질러서
3. '훈맹정음'– '눈먼 사람들을 가르치는 바른 소리' 라는 뜻
4. 총독부의 시끄러운 간섭을 피하기 위해서
5. 장애아를 구해 주는 길은 글을 가르쳐 정서를 순화하는 길밖에 없으니 조선 맹인들의 점자인 훈맹정음을 가르칠 수 있도록 반드시 승인해 주시기 바랍니다.

 글숲 사람 되어보기 — 본문 138쪽

1. 시각장애인을 위한 체험학습장을 운영하고 그들만의 모임을 만들어 서로의 불편한 점과 개선할 점에 대해서 토론 하도록 한다.
2. "두성아, 너의 실력을 좀 더 발전시키기 위해서 신학문을 배웠으면 좋겠구나. 공부해 보고 마음이 바뀌면 언제든지 아버지와 상의하렴. 잘 생각해 보고 결정하렴."

  글숲 밖 사람 되어보기 — 본문 139쪽

1. (1) 먼저 인사해요. (2) 쉬운 말로 이야기해요. (3) 힐끗힐끗 보지 않아요.
   (4) 잘못해도 칭찬하며 격려해요. (5) 놀리지 않아요. (6) 길 잃은 친구를 도와주세요.
2. 보이지 않아서 책상에 부딪히거나 필요한 물건을 제대로 못 찾는다. 우리가 격려해주고 친구의 눈이 되어주면 장애 친구에게 큰 도움이 될 것이다.
3. ᆞ장애가 있는 친구를 도와줄 때, 나는 → 흉을 보지 않고 같은 친구라 생각하여 그 친구의 부족한 점을 채워주며 도와줄 것이다. ᆞ놀이 방법을 잘 모르는 장애가 있는 친구와 함께 놀 경우에, 나는 → 놀이 방법을 자세하고 천천히 알려주어 친구와 함께 놀이를 할 수 있도록 도와 줄 것이다.

 글숲 여행을 마치며 — 본문 140쪽

ᆞ닉 부이치치 (예시)

 '닉 부이치치'는 태어났을 때부터 양쪽 팔과 다리가 없고 작은 발을 가지고 있는 사람이다. 나이가 점점 들어가면서 자신이 처한 현실에 점점 좌절하게 되고 친구들과 다른 나의 모습에 실망했다고 한다. 그러나 그는 보통 사람들과는 달랐다. 그는 꿈이 있었다. 자신이 아무리 절망적인 상황에 처해 있더라 하더라도 좌절하지 않고 그 상황을 멋지게 이겨 내었다.
 만약 내가 닉 부이치치와 같이 비슷한 상황에 처했을 때 과연 난 비관하지 않고 씩씩하게 살아갈 수 있을까? 자신보다 어려운 처지에 있는 사람들을 위해 전 세계를 돌며 자선활동을 하고 있는 '닉 부이치치'에게 응원의 박수를 보내고 싶다.

12 테레사 수녀

본문 141쪽

1. 불우이웃에 반찬 나르는 '사랑의 배달부'
회원들이 하는 일은 실직자 가정과 독거노인들에게 밑반찬을 배달하는 일. 아파트에 위치한 사회복지관에서 매주 화요일 주부봉사단이 밑반찬을 마련하면, 회원들이 방과 후 3시간에 걸쳐 80세대에 반찬을 배달한다. 독거노인들의 집에는 일일이 전화를 해 안부를 여쭙거나 직접 찾아가 안마를 해드리기도 한다.
2. 그냥 지나가지 않고 적은 돈이라도 드리거나 먹을 것을 사주겠다.

본문 150쪽

1. "저는 가장 가난한 사람들에게 가고 싶어요. 어머니께서는 저희들이 어렸을 때부터 항상 가난한 사람들을 잊지 말라고 가르쳐 주셨어요. 그러니까 제가 결심한 일을 할 수 있도록 허락해 주세요."
2. 토래토 수녀회 3. 이슬람교와 힌두교 4. ·집집마다 찾아다니며 병자를 돌보았다.
  ·아이들을 불러 모아 공부를 가르쳤다. ·굶주린 사람들을 먹였다. 5. 사랑의 선교회

본문 151쪽

1. "아그네스야, 꼭 인도에 가서 선교활동을 해야겠니? 인도가 아니더라도 우리 주변에 불쌍한 사람들이 많이 있잖니? 엄마는 너와 떨어져 지내고 싶지 않구나."
2. "테레사 수녀님! 정말 감사합니다. 다른 사람들은 저를 외면하고 피하려고만 하는데 수녀님은 저희에게 따뜻한 미소와 눈길로 보살펴 주셨어요. 비록 환자지만 정상인 못지않게 성실하게 일해서 은혜에 보답하겠습니다."

본문 152쪽

1. 이 병원은 인간의 생명을 소중하게 생각하지 않는 것 같다. 병원은 사람을 고치기도 하지만 죽어가는 생명도 돌봐야 한다고 생각한다.
2. 나병은 사람들이 전염될까봐 두려워하는 것은 당연하지만 수치스러운 병은 아닙니다. 우리 가족이 나병에 걸렸거나 내가 걸렸다면 어떤 생각이 드나요? 그들이 치료 받을 수 있도록 보살펴주는 것이 마땅하다고 설득한다.
3. 돈을 많이 가지고 있는 사람은 항상 감사해야 할 것이며 그 돈을 가난한 사람을 위해서 써야 한다고 주장했을 것이다. 그래야만 보람을 느끼고 돈의 가치를 높일 수 있기 때문이다.

본문 153쪽

· 내가 생각한 진정한 봉사란 어떤 대가를 바라지 않고 무엇인가 필요한 사람들에게 베풀어주는 것입니다. 예를 들면 전혀 모르는 사람일지라도 어려운 처지에 놓여 있을 때 도와준다거나, 태풍이나 홍수, 천재지변 등 불행한 일을 당한 어려운 이웃을 위해 나누기를 마다하지 않는 것입니다. 또한 변호사가 어려운 사람에게 무료로 변론을 해주고, 의사가 돈이 없는 사람을 위해서 무료로 진료를 해주는 봉사가 있습니다. 그러므로 진정한 봉사는 자신의 능력에 따라서 물질이나 어떤 대가를 바라지 않고 필요한 사람에게 기꺼이 주는 것이라 생각합니다.

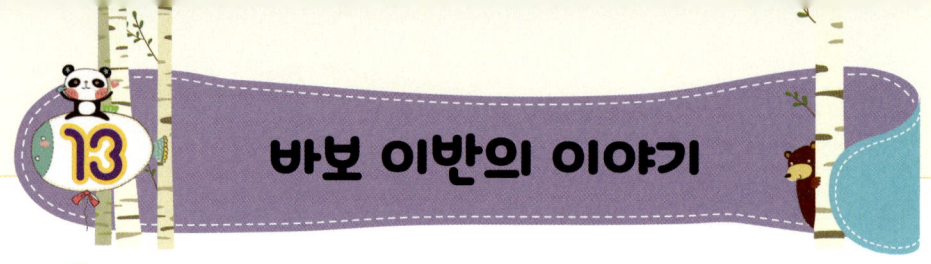

13 바보 이반의 이야기

 ——————————————————— 본문 154쪽

1. · 집에서 잘한 일 → 내 방을 스스로 치웠다. 부모님이 음식 준비하시는 것을 도와드렸다.
   · 집에서 잘못한 일 → 집안 물건을 깨끗이 사용하지 않았다.
   · 학교에서 잘한 일 → 공부에 집중했다. 준비물을 잘 챙겼다.
   · 학교에서 잘못한 일 → 쓰레기를 쓰레기통에 버리지 않았다.
2. · 남을 속이거나 거짓말을 못한다.   · 시키는 대로 열심히 한다.   · 정신연령이 좀 떨어지거나 어린 행동을 한다.

 ——————————————————— 본문 163쪽

1. 욕심이 많아서   2. 바보 이반이 질투와 욕심을 부리지 않고, 아버지에게 형들이 원하는 것을 다 주라고 말해서 형들 자신이 원하는 것을 다 물려받을 수 있었기 때문 3. 이반이 공주의 병을 고치기 위해 궁궐에 들어서자 공주의 병이 나았다. 4. 여자 거지에게 아낌없이 남은 약초를 준 이반의 순수한 마음과 욕심없는 마음에 하늘이 감동해서 공주의 병을 낫게 해준 것이다.

 ——————————————————— 본문 164쪽

1. "아무리 가능성이 없을 것 같아도 욕심을 내지 말고 맡은 일에 최선을 다하면 오히려 욕심을 낼 때 보다 더 좋은 성과를 얻을 수 있습니다." 2. "이반씨, 아무도 저를 불쌍히 여기는 사람이 없었는데 귀한 약을 주셔서 진심으로 감사해요. 병을 고쳐주셨으니 열심히 일을 해서 은혜를 꼭 갚겠습니다."

 ——————————————————— 본문 165쪽

1. 자기가 맡은 일을 성실히 하고 게으름을 피우지 않았고 돈에 대한 욕심을 부리지 않았다.
2. 시험 기간에 컴퓨터가 하고 싶었을 때 참으면서 열심히 최선을 다했더니 좋은 성적을 얻을 수 있었다.
3. 앞으로 게으름을 피우지 않고 거짓된 행동을 하지 않을 것이다.
4. · 이름 – 이효정   · 칭찬하고 싶은 이유– 교실을 언제나 깨끗하게 뒷정리하는데 솔선수범하는 친구다. 주번을 맡았을 때도 제일 먼저 와서 청소하고, 도망가지 않고 책임을 다하는 친구여서 칭찬하고 싶다.

 ——————————————————— 본문 166쪽

· 개요짜기 : 나의 생각을 단계에 맞추어 쓴다. (생략)
· 나의 생각을 글로 쓰기 (예시)
　이반은 자신에게 주어진 일들을 말없이 열심히 실행하는 성실한 사람이다. 이반은 형들에게 기꺼이 재산을 나누어 주고 눈먼 동생과 아버지를 모시고 산다. 이반은 나중에 임금이 되어서도 밭에 나가 일을 하면서 백성들과 똑같이 일하며 살아가는 성실한 사람이다. 그러나 이반의 이러한 착함과 성실함은 요즘 세상을 살아가는 데 크게 도움이 되지 않는다. 그 이유로는 3가지가 있다. 첫째, 요즘같이 험난한 세상을 살아가기 위해서는 늙은 악마가 말한 것처럼 '머리를 써서 일하는 방법'이 필요하다. 머리를 써서 일하는 방법이란 지혜롭게 일을 하는 것이다. 둘째, 요즘은 이반처럼 말없이 착하게 살면 손해를 보는 경우가 있다. 착하고 순수한 사람을 이용하여 나쁜 일을 하는 사람들이 있기 때문이다. 셋째, 이반과 같은 사람은 큰 발전이 없는 사람이다. 성실히 하루하루를 살면서 자신의 모든 일들에 행복을 느끼며 살기 때문에 커다란 희망이나 꿈을 실천하려는 의지가 없다. 이반이 말없이 자신의 일을 성실히 실천하는 점은 훌륭하다. 가족을 생각하고 남을 도우려는 마음가짐도 훌륭하다. 그러나 이반에게는 '머리를 써서 일하는 것', 지혜로움이 필요하다. 요즘 세상을 살아가기 위해서는 착하고 성실히 자신의 할 일을 열심히 하는 자세도 중요하지만, 지혜로운 사람이 좀 더 행복하고 더 잘 살 수 있는 기회가 많기 때문이다.

어린 왕자

 글숲 엿보기 — 본문 168쪽

1. 내 꿈
2. 넓은 대양까지 갔다가 비행기 연료가 떨어져 그대로 바다로 추락하여 익사, 즉 바다로 갔을 것이다.
3. 3학년 때 '아하 그렇구나'에 제출할 보고서를 만드는 일에 책임을 지고 써 본 적이 있다.

 글숲 여행 되돌아보기 — 본문 187쪽

1. 화가
2. 양 한마리만 그려달라고 부탁했다.
3. 임금님, 존경받기를 좋아하는 사람, 술꾼, 바쁜 사업가, 가로등 켜는 사람, 지리학자
4. 지리학자의 별의 지리학자

 글숲 사람 되어보기 — 본문 188쪽

1. 괜찮아, 어린 왕자야. 남들이 보기에는 그저 흔한 장미꽃이지만 너처럼 순진한 아이의 꽃은 세상에서 단 하나뿐인 꽃이잖아. 그리고 이 흔한 꽃은 지구에 있는 꽃이고, 하나뿐인 꽃은 네가 소행성에서 물도 주고 바람도 막아주는 등 온 정성을 다하여 길들인 꽃이잖아. 이 세상 엄마들은 엄청 많지만 나의 엄마는 하나뿐이듯이 너의 꽃은 특별한 거야. 어린 왕자야, 힘내.
2. 5억 개의 별 중에서 특히 빛나는 별이 보이면 나를 꼭 생각해 주길 바랄게. 그리고 우리 서로 길들이는 사이로, 기쁠 때나 슬플 때 밤하늘의 나를 쳐다보며 알려 주렴. 그리고 내 마음이 어떤지도 마음으로 아는 사이가 되자. 난 아름다운 지구에서 진짜 많은 경험을 하고 떠나.

 글숲 밖 사람 되어보기 — 본문 189쪽

1. 옛날에 키우던 거북이가 있었는데 시간이 지나면서 무관심해지고 먹이를 주는 것까지 귀찮아하게 되었다. 엄마가 다른 집으로 거북이를 보내버리자, 그제야 후회하며 울었던 적이 있다.
2. • 나는 사람들이 착하고 무엇이든 소원이 이루어지는 곳에서 살고 싶다.
   • 나에게 공부하라고 강요하지 않고, 내가 하고 싶은 일을 마음껏 할 수 있는 곳에서 살고 싶다.

글숲 여행을 마치며 — 본문 190쪽

각자 상상하여 그려 보기

15 만년샤쓰

글숲 엿보기 본문 191쪽

1. 착한 인물 · 용감(안중근) · 헌신적(예수) · 효자효녀(심청) · 지혜(세종대왕) · 존경(이순신)
   나쁜 인물 · 게으름(베짱이) · 어리석음(토끼의 재판에 나오는 호랑이) · 이기적(놀부)
   · 거짓말(양치기 소년) · 남을 속임 (토끼와 자라에서 토끼)

글숲 여행 되돌아보기 본문 200쪽

1. 창남이는 어머니를 잘 모시는 효자이다. 창남이는 입이 무거운 사람이다. 등
2. "이 없는 동물은 늙은 영감입니다." – 유머가 있다 · "예, 샤쓰도 잘 입고 양말도 잘 신었으니까 춥지는 않습니다.' – 효자이다. 3. · 거짓말의 내용 → 샤쓰와 양말이 두 켤레 있습니다. · 거짓말을 한 이유 → 어머니께서 추위로 벌벌 떠셔서 드리기 위해서 4. 샤쓰를 입지 않아서

글숲 사람 되어보기 본문 201쪽

1. "창남아, 어려움 속에서도 다른 사람을 도와주는 너의 따뜻한 마음과 어머니를 생각하는 효심에 감동 받았어. 그리고 가난 속에서도 그늘 없이 밝은 모습을 지닌 네가 진정한 행복의 부자인 것 같아. 너의 그 마음을 오래 간직하길 바랄게."
2. 기자: 창남씨는 왜 자신의 어려운 상황을 친구들에게 알리지 않았나요?
   · 주인공: 가난은 죄가 아닙니다. 언젠가는 잘살 수 있을 거라고 생각했습니다.
   · 기자: 어머니께 거짓말을 했을 때 어떤 기분이 들었나요?
   · 주인공: 거짓말은 나쁘지만 어머니가 추워하시는 모습을 보니 속상했습니다. 어머니가 오래 사셨으면 좋겠어요. 등

밖 글숲 사람 되어보기 본문 202쪽

1. · 나는 창남이의 무거운 입을 가장 닮고 싶어요.
   · 그 이유는 다른 사람의 비밀을 지켜 주고 다른 사람에게 믿음을 줄 수 있기 때문입니다.
2. · 발 → 만년 자동차   · 얼굴 → 만년 사진   · 머리 → 만년 가발   · 눈 → 만년 안경
3. · 그 후 반 아이들과 체육 선생님은 기부함을 만들어 돈을 모았다. 그리고 모아진 돈으로 창남이가 살고 있는 마을을 도와주었다. 이런 아름다운 일이 방송에 나오게 되자 창남이는 장학금을 받으며 공부하게 되었고 어머니는 눈을 치료 받게 되었다.

글숲 여행을 마치며 본문 203쪽

· 내 친구 천방지축 괴짜 혜진이를 소개합니다.

　혜진이는 언뜻 보기에 무척 얌전하고 예절 바르게 행동하는 아이로 보인다. 그래서 어른들은 혜진이를 조용하고 차분한 아이로만 착각을 하신다. 사실 혜진이는 활발하고 많이 웃는다. 무엇보다 정의감이 넘친다. 그래서 남자 아이들도 무척 잘 때린다. 나를 괴롭히는 아이가 있으면 끝까지 쫓아가서 기어이 두들겨 주고 온다. 하루는 이런 일이 있었다. 어느 눈 오는 날이었다. 나와 혜진이는 눈을 굴리며 한창 재미있게 놀고 있었다. 그런데 우리 반 남자 아이가 갑자기 눈 뭉치를 내 얼굴에 던졌다. 나는 너무 아파서 엉엉 울었다. 혜진이는 자기보다 훨씬 덩치가 큰 그 남자 아이를 뒤쫓아 가 실컷 때려 주고 왔다. 선생님이나 다른 어른들은 혜진이의 이런 면을 잘 모른다. 언제나 혜진이는 얌전하고 다소곳이 앉아 있다. 긴 머리에 안경을 쓰고 말 없는 아이처럼 가만히 있는 혜진이. 어떤 모습이 원래 모습일까 가끔 헷갈린다. "혜진아, 너의 진짜 모습을 보여 줘!"

사귀고 싶은 친구

본문 204쪽

1. 친구의 장점을 별명으로 지어 부르기. 봉사활동 함께하기. 어려운 일 도와주기 등
2. • 나의 장점 → 친구에게 기분 나쁜 말을 하지 않고 잘 도와준다. 또한 모든 일을 끝까지 최선을 다하려고 노력하는 편이다. • 민경이의 장점 → 친구들에게 준비물을 잘 빌려주고, 힘들고 어려운 일을 시키지 않아도 스스로 한다. 그림을 잘 그리고 달리기도 잘 한다.

본문 212쪽

1. 언제나 톡톡 뛰는 생각으로 여자 아이들의 유행을 만들어 가는 아이
2. 자기 소개를 할 때 그 모습이 나한테는 참 쓸쓸해 보여서.
3. 미희의 성이 '양씨'이기 때문에 4. 미희가 돌린 쪽지를 자기가 돌렸다고 말을 함.
5. 아무 일도 없다는 듯 태연스럽게 행동함.
6. 미희의 연필을 주워 주지 않아서 7. 미희가 예전과 달라졌다는 걸 알았기 때문에

본문 213쪽

1. "미희야, 우리가 같은 반이 되었는데 별로 친하지 않은 것 같아. 나는 너와 친구가 되고 싶은데 너의 생각이 궁금해. 우리 사이좋게 잘 지내자."
2. 선생님께. 선생님, 저 연숙이에요. 선생님께 사실대로 말씀 드리고 싶은 것이 있어요. 사실 초코릿을 먹고 껍질을 버린 친구는 제가 아니고 미희예요. 미희에게 따돌림을 당할까봐 겁이나서 제가 거짓말을 했어요. 저는 친구들에게 따돌림을 당하는 것이 무서워요. 미희도 모든 친구에게 잘해 주었으면 좋겠는데 저희 힘으로는 안 되니 선생님께서 꼭 도와주세요.

본문 214쪽

1. 양파 아이들에게 그만 괴롭히라고 말하고 경미를 위로해 줄 것이다.
2. • 나는 선생님이나 부모님께 말씀드려 함께 해결할 것이다.
   왜냐하면, 이야기를 하지 않으면 나만 더 괴롭고 힘들기 때문이다. 그리고 다른 친구들도 나처럼 피해를 당할 수 있는 일이 벌어지기 때문이다.
   • 나는 선생님이나 부모님께 말씀드리지 않을 것이다. 왜냐하면, 말씀 드린 사실을 알게 되면 더 괴롭히고 따돌림을 당하게 될지도 모르기 때문이다.
3. • 대화를 통해서 고민을 들어주거나 위로 해준다.
   • 따돌리지 않고 친하게 지낸다. • 선생님께 알려 드린다.

본문 215쪽

• 제목 : 내 몸의 일부인 친구 (예시)
  친구는 내가 슬플 때 언제나 같이 옆에서 위로해 주고 기쁠 때는 함께 기뻐해 주는 나에게는 없어서는 안 될 중요한 사람이다. 내 몸의 일부 중 하나라도 없으면 살 수 없듯이 만약 친구가 없으면 이 세상의 희망이 사라질 것 같다. 왜냐하면 함께 있을 사람이 없어졌기 때문이다. 친구란 내가 살아가면서 아주 중요한 존재이다. 내가 생각하기에 좋은 친구란 서로에게 힘이 되고 즐겁고 보람 있게 지낼 수 있어야 한다고 생각한다.

수록 저작물 목록

제제명	저작자	출처
1. 숨은 쥐를 잡아라	조은수	〈숨은 쥐를 잡아라〉, 웅진닷컴, 2003.
2. 비밀의 화원	프랜시스 엘리자 버넷 / 최제숙 엮음	〈비밀의 화원〉, 삼성출판사, 2003.
3. 허클베리핀의 모험	마크트웨인	〈허클베리핀의 모험〉, 한국갈릴레이, 2003.
4. 오성과 한음	박광서	〈오성과 한음〉, 책과 책사이, 2008.
5. 길 아저씨 손 아저씨	권정생	《길 아저씨 손 아저씨》, 국민서관, 2008.
6. 손 큰 할머니의 만두 만들기	이억배	《손 큰 할머니의 만두 만들기》, 재미마주, 2001
7. 짜장 짬뽕 탕수육	고경숙	《짜장 짬뽕 탕수육》, 재미마주, 2005.
8. 걱정 마	정진숙	《자유 문학》, 겨울, 2005.
9. 풍속화의 대가 김홍도	김용란	《국사편찬위원회가 뽑은 한국 역사 인물 100인》, 청년사, 2008.
10. 톰 아저씨의 오두막	글—H.B. 스토우 / 노미양 엮음	〈톰 아저씨의 오두막〉, 삼성비엔씨(주), 2009.
11. 점자로 세상을 열다	이미경	《점자로 세상을 열다》, 우리교육, 2008.
12. 테레사 수녀	이종훈	《테레사 수녀》, 중앙출판사, 1997.
13. 바보 이반의 이야기	이상권	《바보 이반의 이야기》, 창비, 2003.
14. 어린 왕자	생택쥐페리	〈어린 왕자〉, 토피, 2009.
15. 만년샤쓰	방정환	《만년 샤쓰》, 길벗어린이, 1999.
16. 사귀고 싶은 친구	문선이	《양파의 왕따 일기》, 파랑새어린이, 2001.

집필진	최명선(전 의왕초등학교)*	유혜영(세마초등학교)	전만기(전 하탑초등학교)
	송화순(전 안양초등학교)	이상복(성남동초등학교)	

*표시는 집필 책임자임

심의진 경기도교육청 인정도서심의회 위원

황인표(춘천교육대학교)*	이병희(샘모루초등학교)	류영우(모당초등학교)
이병달(금릉초등학교)	박신정(안양중앙초등학교)	김훈경(파주교육지원청)
김재란(자유초등학교)	이상숙(곡란초등학교)	박양희(연현중학교)

*표시는 인정도서심의회 심사위원장임

감수진	강경호(서울교육대학교)	최윤도(전 교육인적자원부)
	김창원(경인교육대학교)	김선태(전 원종초등학교/한국아동문학회)

편집 디자인  VISUALOGUE

삽화 진지현, 조진옥

교육부의 위임을 받아 경기도교육청에서 2021년 인정·승인을 하였음

초등학교   **손에 잡히는 독서토론논술 4학년**

초판 발행	2021. 3. 1	정가 8,180원
5쇄 발행	2025. 1. 2	
지 은 이	최명선 외 4인	
발 행 인	글샘교육(주) 경기도 광명시 일직로 43, A동 2104호(일직동, GIDC)	
인 쇄 인	(주)타라티피에스 경기도 파주시 상지석길 245 (상지석동, (주)타라)	

이 교과서의 본문 용지는 우수 재활용 제품 인증을 받은 재활용 종이를 사용했습니다.

교과서에 대한 문의사항이나 의견이 있는 분은 교육부와 한국교과서연구재단이 운영하는 교과서민원바로처리센터
(전화: 1566-8572, 웹사이트: http://www.textbook114.com 또는 http://www.교과서114.com)에 문의하여 주시기 바랍니다.

이 도서에 게재된 저작물에 대한 보상금은 문화체육관광부장관이 정하는 기준에 따라
사단법인 한국복제전송저작권협회(02-2608-2800, www.korra.kr)에서 저작재산권자에게 지급합니다.

내용관련문의 : 글샘교육(주) (경기도 광명시 일직로 43, A동 2104호(일직동, GIDC))
개별구입문의 : 홈페이지 주소 www.gsedu.co.kr (02)549-1155 글샘교육(주)